새 연세한국어

말하기와 쓰기 4-2

연세대학교 한국어학당 편

연세대학교 출판문화원

머리말

연세대학교 한국어학당은 1959년에 설립된 한국 최초의 외국어로서의 한국어 교육 기관이다. 연세대학교 한국어학당은 그간의 역사와 명성에 걸맞게 다양한 한국어 교재 편찬 및 관련 연구를 해옴으로써 한국어 교육을 선도해 왔다. 지금까지 전 세계에서 온 약 150여 개국의 17만여 명에 이르는 한국어 학습자에게 한국어와 한국 문화를 가르쳐 왔으며, 최근에는 빠른 속도로 변화해 가는 교육 환경에 맞추어 오프라인 한국어 교육뿐만 아니라 온라인 한국어 교육 콘텐츠 개발에도 노력을 기울이고 있다. 이미 세계 각국의 한국어 학습자를 대상으로 글로벌 온라인 대중 공개 강좌(MOOC)를 개설하여 학습자들로부터 큰 호응을 얻었고 연세대학교 온라인 교육 혁신 플랫폼인 런어스(LearnUs)에도 최신 기술을 활용한 한국어 콘텐츠를 올려서 학습자들을 만나는 중이다.

연세대학교 한국어학당은 그간 일반 목적 한국어 학습자들뿐만 아니라 특수 목적 한국어 학습자들을 대상으로 정규과정, 단기과정, 대학 한국어 과정 등 다양한 교육과정을 개설 운영하면서 학습자의 요구에 부응하는 최상의 교재를 개발해 왔다. 이러한 교재들은 국내외의 한국어 교육 기관에서 교사와 학습자들의 다양한 요구를 충족시키며 양질의 한국어 교수·학습을 위해 널리 사용되고 있다.

연세대학교 한국어학당은 그간 가장 큰 호응을 받아 왔던 '연세한국어' 1급~6급의 뒤를 이을 새로운 교재로 '새 연세한국어' 시리즈를 기획 출간하게 되었다. 이 교재의 개발을 위해 한국어 교육 현장 경험이 풍부한 전문 한국어 교육학자 및 교사들이 대거 투입되었고 최상의 한국어 교수법 및 학습자 집단의 요구에 대한 이해를 바탕으로 개발 작업이 장기간에 걸쳐 수행되었다.

이번에 출간된 '새 연세한국어' 시리즈는 총 6단계로 각 단계마다 어휘와 문법 교재, 말하기와 쓰기 교재, 듣기와 읽기 교재로 구성되어 있다. '새 연세한국어 어휘와 문법'은 한국어 학습자들이 각 숙달도별로 가장 필수적으로 익혀야 하는 주요 어휘와 문법에 대한 이해와 활용을 중심으로 구성되었다. '새 연세한국어 말하기와 쓰기'는 원활한 한국어 의사소통을 위해 꼭 필요한 표현 기능을 수행할 수 있도록 말하기, 쓰기 과제를 중심으로 구성되었다. 또한 '새 연세한국어 듣기와 읽기'는 듣기, 읽기 과제를 중심으로 각 급별 숙달도에 적절한 이해 능력을 함양시킬 수 있도록 구성되었다. 이 세 권의 교재는 어휘·문법, 표현, 이해 능력의 고른 발달을 위해 패키지로 함께 사용될 수도 있고, 교육 현장 여건이나 학습자의 요구에 따라 별도로 사용될 수도 있다. 또한 어휘와 문법 교재의 경우 별도의 지침서가 무료로 제공되므로 교육 경험이 다소 부족한 국내외의 한국어 교사들에게 유용한 길잡이가 될 수 있을 것이다.

연세대학교 한국어학당은 앞으로도 전 세계의 한국어 학습자들의 요구와 기대에 부응하는 교재 개발을 위해 최선을 다할 것이다. 아울러 본 교재가 국내외에서 한국어 교육을 위해 노력을 아끼지 않는 많은 교사와 한국어 학습을 위해 노력하는 모든 학습자들에게 크게 도움이 되기를 바란다.

연세대학교 언어연구교육원

한국어학당 교재편찬위원회

일러두기

01 이 책은 <새 연세한국어 어휘와 문법 4>, <새 연세한국어 듣기와 읽기 4>와 함께 한국어 중급 학습자를 위해 개발된 교재이다. 특히 <새 연세한국어 어휘와 문법 4>에서 배운 문형과 어휘를 활용해서 말하고 쓰는 표현 연습을 할 수 있도록 구성되었다.

02 이 책은 한국어 중급 학습자가 한국어로 말하고 쓸 수 있는 능력을 키우기 위한 표현 능력 개발 교재이다.

03 이 책은 총 20과이며 각 과는 2개 항으로 구성되어 총 40개 항이 있다. 그리고 2개 과마다 복습을 할 수 있도록 복습 10개 항을 구성하였다. 각 항은 각각 50분 수업 분량으로 이 책은 총 50개 항으로 구성되어 있다. 그리고 4개 항마다 한국 문화에 대한 소개가 있다.

04 이 책의 각 항은 '제목, 학습목표, 준비해 봅시다, 표현해 봅시다, 더 생각해 봅시다'로 구성되었다. 복습 항은 선행 학습된 2개 과의 주제와 기능, 어휘와 문법을 활용할 수 있는 2개 과제로 구성되어 있다.

05 이 책 각 과의 제목은 <새 연세한국어 어휘와 문법 4>와 동일하다. 각 항의 제목은 해당 항의 내용 중에서 학습목표를 드러낼 수 있는 대표적인 문장을 사용하였다.

06 학습목표는 '설명할 수 있다, 소개할 수 있다, -에 대한 글을 쓸 수 있다'와 같이 표현 기능이 드러나도록 기술하였다.

07 '준비해 봅시다'는 각 항의 들어가기에 해당된다. 삽화를 제시해서 학습자의 이해를 돕고 2개 질문에 대답하는 동안 각 항의 구체적인 내용을 예측해 볼 수 있도록 구성하였다. 1과에서 20과까지 40개 항에는 삽화와 관련된 질문 1개와 학습자들이 자신의 상황에 맞춰 대답할 수 있는 질문 1개가 제시되어 있다.

08 '표현해 봅시다'는 <새 연세한국어 어휘와 문법 4>에서 공부한 내용을 주제와 관련해서 말하거나 써 볼 수 있는 과제 활동으로 구성되어 있다. 중급 학습자의 흥미를 끌고 실제성을 높일 수 있도록 목표 말하기 상황이 드러나는 삽화 또는 표를 제시하였다. 또한 학습자의 이해를 돕기 위해서 연습마다 전형적인 대화와 발표, 글의 예시를 <보기>로 제시하였다.

09 '더 생각해 봅시다'는 교실에서 수행한 표현 활동과 연계된 실생활 과제로 구성되어 있다. 학습한 어휘와 문법을 실생활의 다양한 맥락에 맞게 사용할 수 있도록 구성되었다.

10 '복습'은 2개의 연습으로 구성되어 있다. 앞선 2개 과에서 배운 어휘와 문법, 주제를 통합해서 길게 말하고 쓸 수 있는 연습으로 구성되었다.

11 '문화'는 한국의 문화를 소개하면서 이와 관련된 한국어 표현을 제시해서 학습자들이 활용할 수 있도록 내용을 선별하였다.

12 모든 연습은 학습자가 자신의 한국어 능력 수준에 맞춰 다양하게 표현할 수 있도록 정답이 열려 있는 질문으로 구성하였다. 자신의 상황에 맞게 적용해서 연습할 수 있도록 일반적이고 전형적인 상황을 제시하였다.

13 새로 나온 어휘는 해당 페이지의 하단에 제시하였다. 부록에는 새로 나온 모든 어휘의 목록과 해당 어휘가 사용된 항을 제시해서 자기 주도 학습에 도움을 주고자 하였다.

단원구성

과	제목	학습목표	문형	문화
11과 현대인과 도시 생활	<1> 중요한 것만 공부한다든가 부족한 부분을 먼저 본다든가 해요	효율적으로 시간을 관리할 수 있는 방법에 대해서 말할 수 있다.	-는다든가 -는다든가 -는다니까	높임법 체계
	<2> 지난주에도 식물 카페를 검색하더니 오늘도 또 찾아요?	도심에서 자연을 느낄 수 있는 방법에 대해서 말할 수 있다.	-더니[2] -었다 하면	
12과 문화의 이해	<1> 말조심을 할 걸 그랬어	기업 내 호칭 변화에 대한 조사 결과를 쓸 수 있다.	-는다고 해도 -을 걸 그랬다	
	<2> 처음 한 것치고 잘 만들었는데요	문화 차이에 대해서 발표할 수 있다.	-치고 마치 -는 것처럼	
13과 여행과 발견	<1> 친구를 만나러 부산에 간 김에 여기저기를 구경했어요	날씨와 관련된 여행 경험담에 대해서 쓸 수 있다.	-는 김에 만 해도	날씨 관련 한국어 표현
	<2> 재충전을 해야 일도 더 잘 되게 마련이에요	혼자 여행 가기 좋은 곳에 대해서 발표할 수 있다.	-다가는 -게 마련이다	
14과 대중문화	<1> 반 친구가 출연했다고요?	방송 프로그램의 내용에 대해서 말할 수 있다.	-는다고요 -었더라면	
	<2> 춤만 잘 출 수 있다면야 밤을 새워서라도 봐야지요	1인 방송을 위한 대본을 쓸 수 있다.	에 관한 -는다면야	
15과 여가 생활	<1> 고생 끝에 낙이 온다는 말이 있잖아요	여가 생활에 대한 조사 결과를 말할 수 있다.	-는가 하면 -는다는	옛날의 여가 생활
	<2> 요즘 가구 만드는 재미에 빠졌다지요?	경제적으로 여가 생활을 즐길 수 있는 방법에 대해서 쓸 수 있다.	-다지요? -든지 -든지	

과	제목	학습목표	문형	문화
16과 생활 속의 환경 문제	<1> 맥주병을 이용해서 만든 양초는 어떻던가요?	물건을 재활용 할 수 있는 방법에 대해서 발표할 수 있다.	-게요 -던가요?	옛날의 여가 생활
	<2> 오늘부터 이면지로 활용하도록 해야겠어요	환경 보호 캠페인을 위한 동영상 대본을 쓸 수 있다.	-더니[3] -도록 하다	
17과 개인과 공동체	<1> 회식에 모두 참석해야 하는 걸 알았을 텐데 그랬단 말이에요?	개인주의에 대한 글을 요약해서 쓸 수 있다.	-었을 텐데 -는 둥 마는 둥 하다	품앗이의 전통
	<2> 회사 동료들과 같이 지내는 만큼 조심해야 할 것들이 많아요	공동생활을 할 때 지켜야 할 것들에 대해서 쓸 수 있다.	-는 만큼 -는다고[1]	
18과 변화하는 사회	<1> 다섯 명 중에 세 명꼴로 가족들에게 무관심하대요	사고방식의 변화에 대해서 말할 수 있다.	-꼴로 -는 수가 있다	
	<2> 자전거 도로를 더 만들려나 봐요	도시 개발을 위한 기획하는 글을 쓸 수 있다.	-으려나 보다 하면	
19과 나의 삶	<1> 결정하고 나니까 마음이 가벼울 따름이야	선택에 따른 고민에 대해서 말할 수 있다.	-는다며 -을 따름이다	한복
	<2> 과연 제가 사람들에게 감동을 주는 곡을 쓸 수 있을까요?	직장에 지원하기 위한 자기소개서를 쓸 수 있다.	과연 - 을까요? -어 가면서	
20과 한국의 명절	<1> 깨끗한 몸과 마음으로 새해를 맞이하라고 새 옷을 사 줘요	한국의 설 문화에 대해서 말할 수 있다.	이야 -으라고	
	<2> 집안 청소하랴 음식 준비하랴 쉴 틈이 없어요	추석과 다른 나라의 명절을 비교해서 쓸 수 있다.	-게[2] -으랴 -으랴	

차례

등장인물 | Main characters

에릭 파커
- 미국
- 한국어학당 학생
- 한국전자 직원

존 카마우
- 케냐
- 한국어학당 학생
- 교환학생

사토 유키
- 일본
- 한국어학당 학생
- 기자

리타오
- 중국
- 한국어학당 학생
- 대학 입학 예정자

노라 한슨
- 노르웨이
- 한국어학당 학생
- 대학원 입학 예정자

최주앙
- 브라질
- 한국어학당 학생
- 대학 휴학생

응웬 흐엉
- 베트남
- 한국어학당 학생

레오 마르탱
- 프랑스
- 한국어학당 학생
- 요리사

올리비아 스미스
- 호주
- 한국어학당 학생
- 외교관

이윤아
- 한국
- 대학생

정하늘
- 한국
- 대학생

김우진
- 한국
- 한국전자 직원

새 연세한국어

말하기와 쓰기 4-2

11과 현대인과 도시생활

1. 중요한 것만 공부한다든가 부족한 부분을 먼저 본다든가 해요

• 학습목표: 효율적으로 시간을 관리할 수 있는 방법에 대해서 말할 수 있다.

I. 준비해 봅시다

	5월 4일(수)
08:30	
09:00	대학원 전공 모임
09:30	
10:00	
10:30	
11:00	
11:30	점심 약속
12:00	
12:30	
13:00	교수님 찾아 뵙기
13:30	
14:00	
14:30	
15:00	보고서 작성

<시간 관리의 3단계>

1. 하루의 계획을 세운다.
   급한 일부터 순서를 정하고 구체적인 계획을 세운다.

▼

2. 집중해서 해야 할 것을 한다.

▼

3. 하루를 돌아본다.
   하루 일과를 마칠 때 잘한 것과 잘하지 못한 것을 확인하고 그 이유를 생각해 본다.

- 위의 표를 보고 시간 관리의 단계를 이야기해 봅시다.
- 여러분은 시간을 어떻게 사용하고 있습니까?

표현해 봅시다

1 시간 관리가 필요한 상황에 대해서 보기 와 같이 대화해 봅시다.

	상황	시간을 사용하는 방법	
1)	시험 전에 공부할 시간이 충분하지 않을 때	중요한 것만 공부한다.	부족한 부분을 먼저 본다.
		시간이 충분하지 않아도 책의 앞부분부터 공부를 한다. 문제점 : 뒷부분은 공부를 못하게 된다.	
2)	해야 할 일이 많을 때	중요한 순서대로 한다.	덜 중요한 일은 다른 사람에게 부탁한다.
		일이 많아도 혼자 다 해결하려고 한다. 문제점 : 시간이 너무 오래 걸린다.	
3)	취미 생활을 즐길 여유가 없을 때	아침 시간을 이용한다.	일정을 조정해서 시간을 낸다.
		바쁠 때는 취미 생활을 전혀 못 한다. 문제점 : 스트레스가 풀리지 않는다.	
4)	갑자기 시간이 많이 생겼을 때	좋아하는 일을 하나씩 한다.	읽고 싶었던 책을 읽는다.
		시간이 생기면 집에서 아무것도 안 하고 누워 있다. 문제점 : 시간을 낭비하게 된다.	

보기

가 : 시험 전에 공부할 시간이 충분하지 않을 때 어떻게 해요?

나 : 중요한 것만 **공부한다든가** 부족한 부분을 먼저 **본다든가** 해요.

가 : 저는 시간이 충분하지 않아도 책의 앞부분부터 공부를 해요.

나 : 그럼 뒷부분은 공부를 못 하게 되잖아요.

가 : 맞아요. 시간을 잘 사용하는 사람이 **성공한다니까** 저도 이제 중요한 것을 골라서 공부해야겠어요.

조정하다

2 효율적으로 시간을 쓸 수 있는 방법에 대해서 말해 봅시다.

1) 다음과 같은 친구에게 해 주고 싶은 말을 보기 와 같이 메모해 봅시다.

· 대학을 다니는 4년을 알차게 보내고 싶다.
· 유학하는 동안 시간을 낭비하고 싶지 않다.
· 여행을 가서 정해진 시간 동안 많은 경험을 하고 싶다.
· 퇴근 후 저녁 시간을 알차게 보내고 싶다.

	보기	나
상황	대학을 다니는 4년을 알차게 보내고 싶다.	
제안	·공부 관련 목표를 세우고 실천하려고 노력한다. ·하고 싶은 일을 생각해서 적어 본다. ·여러 경험을 쌓는다(여행을 간다, 뭔가를 배운다).	· · ·

2) 위에서 메모한 것을 바탕으로 효율적으로 시간을 쓸 수 있는 방법을 보기 와 같이 제안해 봅시다.

제안하기
- 실천하려는 노력을 하는 게 좋을 것 같아요.
- 구체적인 계획을 세워 보는 건 어떨까요?

효율적 알차다 낭비하다 실천하다 구체적

보기

가: 대학에 입학하고 3개월이 어떻게 지나갔는지 모르겠어요. 대학을 다니는 4년을 알차게 보내고 싶은데 어떻게 하면 좋을까요?

나: 계획적으로 살지 않으면 시간이 정말 금방 가 버릴 거예요. 그러니까 우선 공부와 관련된 목표를 세우고 실천하려는 노력을 하는 게 좋을 것 같아요. 그리고 빠뜨리거나 미룬 일은 없는지 주기적으로 점검하는 것도 잊지 마세요. 둘째로, 공부 이외에 대학을 다니는 동안 꼭 하고 싶은 것을 생각해서 세 가지만 적어 보세요. 그런 후에 언제, 어떻게 그것을 할 것인지 구체적인 계획을 세워 보는 건 어떨까요? 그리고 마지막으로 시간이 날 때마다 여행을 **간다든가** 뭔가를 **배운다든가** 하면서 경험을 쌓으면 후회 없는 시간을 보낼 수 있을 거예요.

3) 친구의 제안을 듣고 그 중에 하나를 골라 어떻게 실천할지 보기 와 같이 말해 봅시다.

보기

저는 연주 씨가 말한 것 중에 하고 싶은 것을 세 가지 생각해서 적어 보는 것을 해 보려고 해요. 그리고 그것을 실천하기 위한 구체적인 계획도 세워 볼 거예요. 첫 번째로 하고 싶은 것은 다른 나라에서 한 달 동안 살아 보는 거예요.

⋮

더 생각해 봅시다

효율적으로 시간을 관리할 수 있는 방법은 무엇이 있는지 말해 봅시다.

시간 관리 앱(APP)을 이용한다.	
자투리 시간을 활용한다.	
적당히 쉰다.	

계획적 빠뜨리다 미루다 주기적 점검하다 자투리

11과 현대인과 도시생활

2. 지난주에도 식물 카페를 검색하더니 오늘도 또 찾아요?

• 학습목표: 도심에서 자연을 느낄 수 있는 방법에 대해서 말할 수 있다.

Ⅰ. 준비해 봅시다

- 위의 그림에 있는 공간의 특징은 무엇입니까?
- 여러분은 자연을 느끼고 싶을 때 어떻게 합니까?

표현해 봅시다

1 도심에서 자연을 느낄 수 있는 방법에 대해서 보기와 같이 대화해 봅시다.

	가	나
1)		·화분들을 보고 있으면 마음이 편해져서 답답할 때 식물 카페에 간다. ·예쁜 꽃이 많아서 카페에 가면 꼭 꽃을 사게 된다.
2)		·마당에 작은 밭을 만들어서 상추를 심었다. ·요즘은 언니가 집에 올 때마다 상추부터 달라고 한다.
3)		·나무가 많은 곳을 걸으면 스트레스가 풀려서 자주 가는 공원 근처로 가기로 했다. ·스트레스를 받을 때마다 공원에 가서 한 시간 정도 걷는다.
4)		·회사 옥상 정원에 심었다. ·토마토가 열리기만 하면 사람들이 따 먹어서 아직 맛도 못 봤다.

보기

가 : 지난주에도 식물 카페를 **검색하더니** 오늘도 또 찾아요?

나 : 네, 화분들을 보고 있으면 마음이 편해져서 저는 답답할 때 식물 카페에 가요.

가 : 카페에서 화분을 팔기도 해요?

나 : 네, 가면 예쁜 꽃이 많아서 카페에 **갔다 하면** 꽃을 사게 돼요.

도심 밭 옥상 열리다

2 환경에 도움이 되는 식물에 대해서 말해 봅시다.

1) 다음 식물은 어떤 특징이 있는지 이야기해 봅시다.

식물	특징
 유칼립투스	· 정신을 안정시킨다. · 집중력을 높이고 머리를 맑게 해 준다. · 물을 자주 준다. 지나친 햇빛은 좋지 않다.
 스투키	· 공기를 깨끗하게 해 주고 전자파를 막아 준다. · 그늘에서도 잘 자란다. · 물은 한 달에 한 번 준다.
 아레카 야자	· 나사(NASA)가 선정한 공기를 깨끗하게 하는 식물 1위이다. · 가습 기능이 있고 전자파를 막아 준다. · 관리가 쉽다.
 라벤더	· 수면에 도움을 준다. · 불안감과 긴장을 풀어준다. · 해가 잘 들고 바람이 통하는 곳에 둔다.
 로즈마리	· 벌레를 막아 주고 음식 냄새를 제거한다. · 고기 요리와 잘 어울린다. · 해가 잘 드는 곳에 둔다.

2) 다음의 이유로 식물을 키우려고 하는 사람에게 어울리는 식물을 위에서 찾아서 보기 와 같이 소개해 봅시다.

소개하기

- 사무실에 두면 좋은 식물로는 아레카 야자가 있어요.
- 아레카 야자는 공기를 깨끗하게 해 주는 식물 1위랍니다.

안정 전자파 선정하다 가습 제거하다

· 사무실 분위기가 딱딱해서 사무실에 들어섰다 하면 답답함을 느낀다.
· 아이가 시험 때만 됐다 하면 너무 스트레스를 받는다.
· 요리 재료로 허브를 샀다 하면 남아서 버린다.
· 미세먼지가 많아졌다 하면 눈이 따갑고 기침이 나서 집 안의 미세먼지만이라도 줄이고 싶다.

보기

가: 사무실 분위기가 딱딱해서 사무실에 **들어섰다 하면** 답답함을 느껴요. 그래서 식물을 사다 놓고 싶은데 어떤 것이 좋을까요?

나: 사무실에 두면 좋은 식물로는 아레카 야자가 있어요. 키가 커서 넓은 공간에 잘 어울리거든요. 푸른 잎이 눈의 피로를 풀어주고 분위기도 훨씬 부드럽게 해 줄 거예요. 그리고 아레카 야자는 나사(NASA)가 선정한 공기를 깨끗하게 해 주는 식물 1위랍니다. 게다가 가습 기능이 있고 전자파도 막아 주기 때문에 건조한 사무실에 딱 맞는 식물이에요.

3) 위에서 소개 받은 식물을 선물하려고 합니다. 선물과 함께 줄 카드를 보기 와 같이 써 봅시다.

보기

이 식물의 이름은 '아레카 야자'야. 공기를 깨끗하게 해 준다니까 집에 놓으면 좋을 거야. 관리하기도 쉬워서 식물을 처음 키우는 사람도 잘 키울 수 있대.

⋮

더 생각해 봅시다

도시 공간을 쾌적하게 할 수 있는 방법은 무엇이 있는지 말해 봅시다.

허브

12과 문화의 이해

1. 말조심을 할 걸 그랬어

• 학습목표: 기업 내 호칭 변화에 대한 조사 결과를 쓸 수 있다.

Ⅰ. 준비해 봅시다

- 위와 같은 상황에서 상대방을 어떻게 불러야 할까요?
- 여러분은 한국에서 상대방을 부를 때 실수한 적이 있습니까?

표현해 봅시다

1 다음은 반말과 호칭 때문에 생긴 문제입니다. 보기 와 같이 대화해 봅시다.

	상 황	후회 되는 일
1)	동아리에 새로 들어온 후배가 인사를 했는데 후배니까 반말을 했다.	말조심하지 않았다.
2)	친구가 아는 사람을 소개해 줬는데 나보다 어려 보여서 반말을 했다.	존댓말을 쓰지 않았다.
3)	가게에 여자 손님이 들어왔는데 친절하고 다정한 느낌을 주고 싶어서 손님에게 '언니'라고 했다.	'언니' 라고 불렀다.
4)	평소 아끼는 후배 직원이 있는데 회사에서 그 직원이 실수를 해서 나도 모르게 '야'라고 했다.	'야' 라고 했다.

보기

가 : 영수야, 어떡해?

나 : 왜 그래? 무슨 일 있어?

가 : 오늘 동아리 모임에서 새로 들어온 후배가 인사를 했는데 후배니까 그냥 반말을 했거든. 그런데 표정이 안 좋더라고.

나 : 야, 아무리 **후배라고 해도** 처음 보는 사람한테 반말하면 안 되지.

가 : 그러게 말이야. 말조심을 **할 걸 그랬어.** 기분이 많이 상했을거야.

다정하다

2 '기업 내 호칭 변화'에 대한 조사 결과를 써 봅시다.

1) 최근 '과장님', '부장님'이라는 호칭 대신에 이름에 '님'을 붙이는 회사가 많아지고 있습니다. 다음은 기업 962개를 대상으로 '기업 내 호칭 변화'에 대해서 실시한 설문 조사 결과입니다. '기업 내 호칭 변화'에 대해서 어떻게 생각하는지 말해 봅시다.

기업 내 호칭변화에 대한 생각

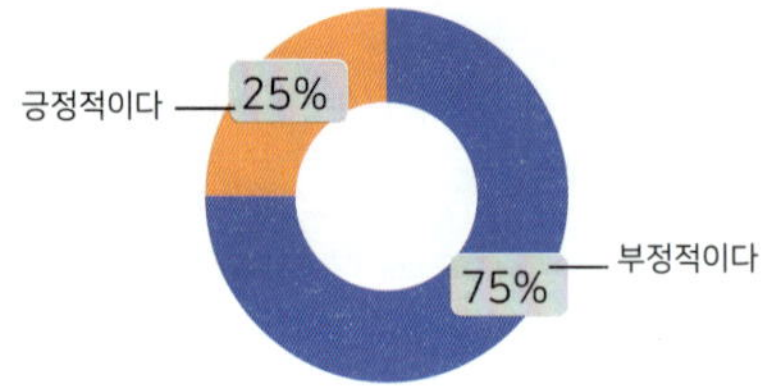

부정적인 이유

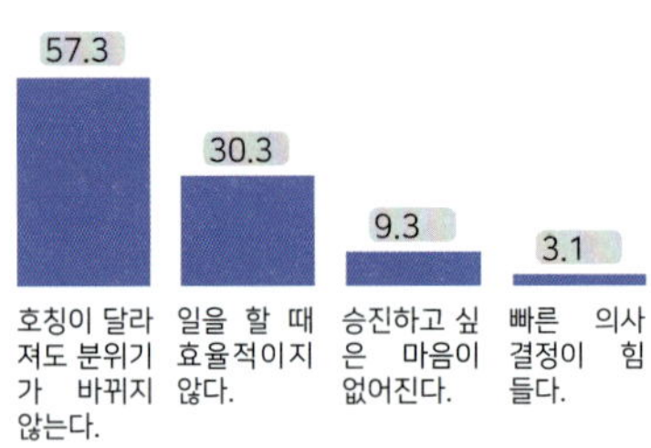

긍정적인 이유

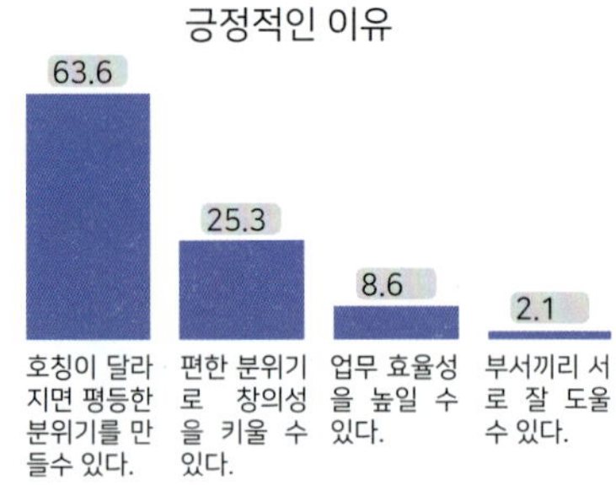

2) 위의 그래프를 보고 조사 결과를 보기 와 같이 써 봅시다.

그래프 결과 설명하기

- '호칭이 달라져도 분위기가 바뀌지 않는다'가 57.3%로 가장 높게 나타났다.
- '승진하고 싶은 마음이 없어진다'가 그 뒤를 이었다.

보기

서론	기업 962개를 대상으로 기업 내 호칭 변화에 대한 생각에 대해 설문조사를 실시한 결과 부정적으로 생각하는 기업이 많은 것으로 나타났다.
본론	기업 내 호칭 변화에 대해 부정적으로 보는 이유는 '호칭이 달라져도 분위기가 바뀌지 않는다'가 57.3%로 가장 높게 나타났다. 다음으로 '일을 할 때 효율적이지 않다'가 30.3%였으며 '승진하고 싶은 마음이 없어진다'가 그 뒤를 이었다. 마지막으로 '빠른 의사 결정이 어렵다'는 3.1%로 가장 적게 나타났다.
결론	이상의 설문 조사 결과를 통해서 호칭을 **바꾼다고 해도** 오랜 기간 동안 유지해 온 회사 분위기를 쉽게 바꾸기는 힘들다는 사실을 알 수 있었다.

호칭 대상 의사 평등하다 창의성 승진하다

서론	
본론	
결론	

3) 다음과 같은 상황에서 여러분 나라는 어떤 호칭을 씁니까? 한국과 비교해서 보기 와 같이 말해 봅시다.

· 회사에서 상사를 부를 때 - 과장님, 부장님, 사장님...
· 가게에서 점원이 손님을 부를 때 - 고객님, 사장님, 선생님, 언니...
· 모르는 사람을 부를 때 - 저기요, 학생, 아저씨, 아가씨...
· 이성 친구를 부를 때 - 자기야, 오빠...

보기

가 : 한국은 회사에서 상사를 부를 때 직함에다가 '-님'을 붙여서 부르는데 미국은 회사에서 어떤 호칭을 써?
나 : 한국은 나이와 직함을 중요하게 생각하지만 미국에서는 아무리 나이가 많다고 해도 특별한 경우가 아니면 상대방의 이름을 불러.
⋮

더 생각해 봅시다

여러분은 한국에서 태어난 해에 한 살이 되는 '세는 나이'와 생일을 기준으로 한 '만 나이', 현재 년도에서 출생 년도를 뺀 '연 나이'라는 말을 들어본 적이 있습니까?

김경수(2000년 12월 31일)

2019년 12월 30일기준

상사 직함

12과 문화의 이해

2. 처음 한 것치고 잘 만들었는데요

• 학습목표: 문화 차이에 대해서 발표할 수 있다.

Ⅰ. 준비해 봅시다

• 이 사람은 무엇을 보고 놀랐습니까?
• 한국 사람과 대화할 때 문화 차이 때문에 실수한 적이 있습니까?

표현해 봅시다

1 다음은 한국에서 느낀 문화 차이에 대해서 이야기하고 있습니다. 보기 와 같이 대화해 봅시다.

	한국의 찜질방 문화			
1)	다들 양머리 수건을 하고 있었다.		자기 집인 것처럼 편하게 누워 있었다.	
	한국의 음식 문화			
2)	다들 상추 위에 고기, 김치 등 여러 가지 음식을 올려놓고 싸 먹었다.		종이를 자르는 것처럼 삼겹살을 가위로 잘랐다.	
	한국의 패션 문화			
3)	홍대에 화장을 한 남자들이 많이 보였다.		겨울에 여자들이 한여름인 것처럼 짧은 치마를 입은 사람이 많았다.	
	한국의 배달 문화			
4)	다들 한강에서 치킨을 배달해 먹었다.		야외에서 주문했는데 집에서 주문한 것처럼 정확한 위치로 배달해 주었다.	

보기

가 : 리에 씨, 지난 주말에 어학당 친구들과 함께 찜질방에 갔다 왔어요.

나 : 가 보니까 어땠어요?

가 : 다들 양머리 수건을 하고 있더라고요. 그래서 저도 한 번 해 봤어요. 거기에서 찍은 동영상이에요.

나 : 하하~ **처음 한 것치고** 양머리를 잘 만들었는데요.

가 : 아, 그런데 사람들이 **마치 자기 집인 것처럼** 다들 편하게 누워 있어서 깜짝 놀랐어요.

양머리　한여름

2 문화 차이에 대해서 말해 봅시다.

1) 한국에서 생활하면서 느낀 문화 차이를 메모해 봅시다.

	한국	나
응원 문화	· 치어리더와 함께 응원가를 크게 부른다. · 치킨과 맥주를 마신다.	· 박수를 치거나 전광판을 이용하여 응원하는 정도다. · 다양한 음식을 먹는다.
몸짓 언어		
인사 방법		
대중교통		
명절 선물		
목욕 문화		

2) 메모한 내용을 바탕으로 한국에서 생활하면서 느낀 문화 차이를 발표하려고 합니다. 보기 와 같이 발표 자료를 만들어서 내용에 맞게 발표해 봅시다.

발표하기(시작과 끝)

- 발표를 맡은 제임스입니다.
- 이상으로 한국과 미국의 야구 응원 문화 차이에 대한 발표를 마치도록 하겠습니다.

치어리더 응원가 전광판

보기

프레젠테이션 - PowerPoint

한국과 미국의 야구 응원 문화

MAJOR LEAGUE BASEBALL VS KOREA BASEBALL

발표자 제임스

프레젠테이션 - PowerPoint

치어리더들 / 쓰레기 봉투를 이용한 응원 / 치맥을 먹으면서 응원

1 첫인사

여러분 안녕하세요? 발표를 맡은 제임스입니다. 오늘 저는 한국과 미국의 야구 응원 문화를 비교해서 소개하려고 합니다.

2 한국의 야구 응원 문화

한국의 야구팬들은 치어리더들과 함께 **마치 콘서트에 온 것처럼** 응원가를 큰 소리로 부릅니다. 어떤 팀은 쓰레기봉투를 머리에 쓰고 응원을 한 후 그 봉투에 쓰레기를 담아 갑니다. 그리고 야구 경기 관람에서 빠질 수 없는 게 치맥인데요. 많은 사람들이 치킨과 맥주를 마시면서 경기를 봅니다.

프레젠테이션 - PowerPoint

일어서서 박수침 / 전광판을 이용한 응원 / 핫도그, 감자튀김

프레젠테이션 - PowerPoint

들어주셔서 감사합니다.

3 미국의 야구 응원 문화

미국은 음악, 춤, 노래로 가득 찬 한국 야구장에 비하면 조용한 편입니다. 한국처럼 치어리더가 나와서 응원은 하지 않고 그냥 일어서서 박수를 치거나 전광판을 이용하여 응원을 하는 정도입니다. 그리고 미국도 한국처럼 다양한 음식을 먹으면서 응원합니다.

4 끝인사

이상으로 한국과 미국의 야구 응원 문화 차이에 대한 발표를 마치도록 하겠습니다. 혹시 제 발표 내용 중에 질문이 있으십니까? 없으시면 발표를 마치도록 하겠습니다. 끝까지 들어주셔서 감사합니다.

프레젠테이션 - PowerPoint

발표자 ______

프레젠테이션 - PowerPoint

여러분 안녕하세요? 발표를 맡은 ______입니다. 오늘 저는______ ______ ______을/를 비교해서 소개하려고 합니다.

______
______
______
______
______
______
______
______

프레젠테이션 - PowerPoint

프레젠테이션 - PowerPoint

들어주셔서 감사합니다.

______
______
______
______
______
______
______

이상으로 ______ ______에 대한 발표를 마치도록 하겠습니다. 혹시 제 발표 내용 중에 질문이 있으십니까? 없으시면 발표를 마치도록 하겠습니다. 끝까지 들어주셔서 감사합니다.

3) 친구의 발표를 듣고 보기 와 같이 말해 봅시다.

보기

가 : 제임스 씨, 한국 야구 경기장에 가서 한국 사람들처럼 응원해 본 적이 있어요?

나 : 그럼요, 아주 열심히 응원했어요. 한국 친구들이 제가 처음 해 본 것치고 응원을 잘 따라한다고 했어요. 조용한 응원 문화를 즐기는 사람에게는 힘들겠지만 저는 개인적으로 너무 좋았어요. 마치 하나가 된 것처럼 움직이는 모습이 전 좋더라고요.

⋮

. 더 생각해 봅시다

집에서 학교까지 오는 길에 접하는 것들 중에 여러분 나라와 다르다고 생각한 부분이 있습니까? 말해 봅시다.

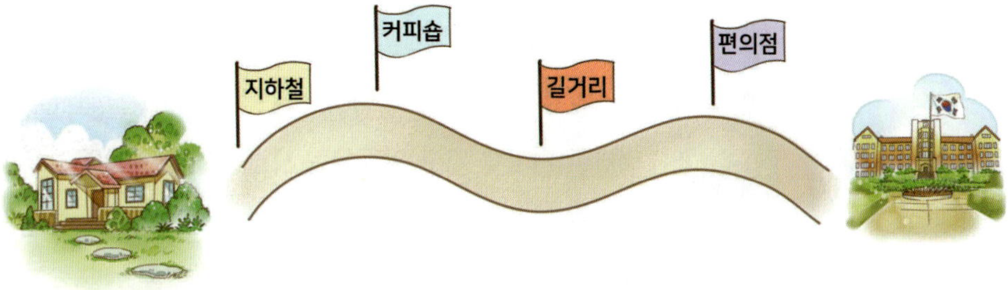

접하다

1 다음은 유명한 사람들의 시간 관리 방법입니다. 보기 와 같이 말해 봅시다.

상황1. 토머스 에디슨(미국, 1847-1931)

저는 연구 외에는 다른 일은 하지 않아요. 연구에 집중한 시간은 하루 평균 20시간이에요. 하루에 한 가지 일에만 집중하는 것이 저의 성공 비결이에요. 저는 한 가지 목표를 분명히 세우고 하루 동안 그 일만 해요. 한 가지 일에 모든 에너지를 써요

보기

가 : 저는 보통 책을 **읽는다든가** 영화를 **본다든가** 하면서 시간을 보내는데 토머스 에디슨은 한 가지 일만 집중해서 하다니 정말 대단한 것 같아요.

나 : 맞아요. 저는 책상에 **앉았다 하면** 바로 졸거든요. 그런데 과연 에디슨처럼 시간을 활용하는 게 맞을까요?

⋮

상황2. 알렉산드르 류비셰프(러시아, 1890-1972)

저는 하루 평균 10시간씩 잠을 자고 일년 동안 9,000권 책을 읽었어요. 그렇게 할 수 있었던 것은 남는 시간을 쓰기 때문이에요. 버스나 기차를 타고 이동하는 시간, 강의나 회의를 시작하기 전 시간을 잘 활용한답니다.

상황3. 윈스턴 처질(영국, 1874-1965)

저는 하루 종일 일만 하지 않아요. 매일 1시간씩 낮잠을 즐겨요. 잠깐 자고 일어나면 하루를 이틀처럼 쓸 수 있어요. 낮잠을 자고 나면 새벽 2시가 넘어서까지 일해도 오전 8시에 다시 일을 시작할 수 있지요.

과연

2 내일 2시에 회의가 있습니다. 여러분은 몇 시에 회의 장소에 가겠습니까? 반 친구들에게 물어보고 나라마다 약속 시간을 지키는 태도가 어떻게 다른지 써 봅시다.

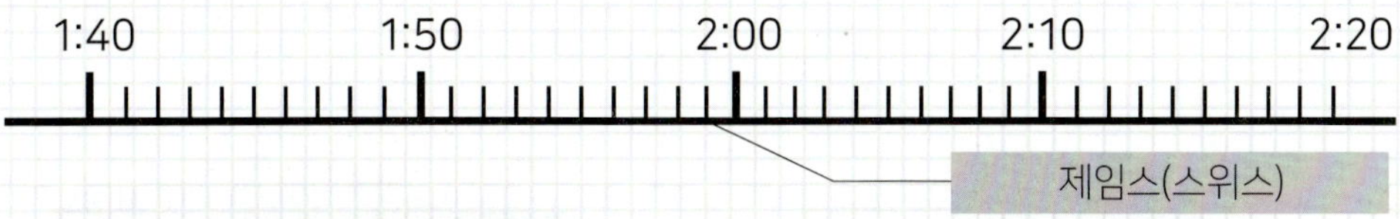

연습하기

문화

한국어의 높임법

한국어에는 높임법이 있다. 높임법은 남을 높여서 말하는 방법이다. 크게 세 가지로 나눌 수 있는데 첫 번째 방법은 문장의 주어를 높이는 것이다. '선생님께서 오셨습니다.', '어머니께서 일을 하십니다.'와 같이 '선생님'과 '어머니'가 말하는 사람보다 나이가 많기 때문에 '오시다', '하시다'와 같은 높임 표현을 사용한다. 두 번째 방법은 말하는 사람이 듣는 사람을 높이거나 높이지 않는 것이다. 이 때에는 듣는 사람의 나이나 지위 등에 따라서 '하십시오', '해라'와 같이 문장 끝을 다르게 표현한다. 마지막으로 '있다, 먹다, 아프다' 등은 '계시다, 드시다, 편찮으시다'와 같이 특정 어휘를 사용하여 높임을 나타낼 수 있다.

13과 여행과 발견

1. 친구를 만나러 부산에 간 김에 여기저기를 구경했어요

• 학습목표: 날씨와 관련된 여행 경험에 대해서 쓸 수 있다.

Ⅰ. 준비해 봅시다

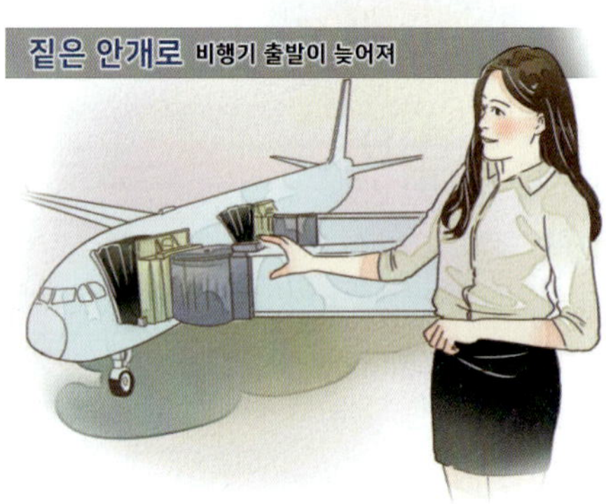

- 위의 그림을 보고 날씨가 어떤지 말해 봅시다.
- 여러분은 날씨 때문에 여행 중에 고생한 경험이 있습니까?

표현해 봅시다

1 여행한 곳과 그곳의 날씨에 대해서 보기 와 같이 대화해 봅시다.

	여행지	목적	구경	날씨
1)	부산	부산에 사는 친구를 만나러 갔다.	해운대 자갈치 시장	일주일 전에 갔을 때는 날씨가 정말 좋았는데 요즘 태풍이 와서 천둥 번개가 치고 비가 많이 온다.
2)	춘천	콘서트를 보러 갔다.	남이섬 소양강	열흘 전에 갔을 때는 날씨가 춥지 않고 좋았는데 요즘 아침, 저녁의 일교차가 크고 쌀쌀하다.
3)	뉴욕	뉴욕에 사는 친구의 결혼식에 참석하러 갔다.	자유의 여신상 센트럴파크	보름 전에 갔을 때는 날씨가 좋았는데 요즘 춥고 눈이 많이 온다.
4)	싱가포르	세미나에 발표를 하러 갔다.	마리나베이 센토사섬	한 달 전에 갔을 때는 날씨가 맑고 화창했는데 요즘 날마다 비가 온다.

보기

가: 방학 때 여행 좀 하셨어요?

나: 네, 부산에 갔다 왔어요. 친구가 부산에 사는데 친구를 만나러 부산에 **간 김에** 부산 여기저기를 구경했어요.

가: 부산에 며칠 계셨어요?

나: 1박 2일 있었어요. 시간이 많지 않아서 해운대하고 자갈치시장만 구경했는데 참 좋던데요.

가: 날씨는 어땠어요?

나: 제가 일주일 전에 갔는데 **그때만 해도** 날씨가 정말 좋았어요. 오늘 일기 예보를 보니까 부산에 태풍이 와서 천둥과 번개가 치고 비가 많이 온다고 하던데요. 그때 잘 갔다 온 것 같아요.

자갈치 시장 소양강 자유의 여신상 센트럴파크 마리나베이 센토사섬 화창하다

2 날씨와 관련된 여행 경험에 대해서 써 봅시다.

1) 여행 중 다음과 같은 날씨 때문에 특별한 경험을 한 적이 있습니까? 보기 와 같이 간단히 메모해 봅시다.

아주 좋았던 날씨	너무 덥거나 추운 날씨	보통 때와는 너무 다른 이상한 날씨	폭우, 폭설, 안개

		보기	나
경험 소개 →	처음	나쁜 날씨 때문에 오히려 추억이 생겼다.	
자신의 경험에 대해 구체적으로 표현 →	중간	베트남 하노이에 여행을 갔을 때 갑자기 쏟아진 비 때문에 어떤 친절한 사람을 만나게 되었다.	
자신의 생각과 느낌 정리 →	끝	우리의 인생도 여행과 같다. 어떤 일이 생길지 모르기 때문에 더 즐겁다.	

2) 메모한 내용을 바탕으로 보기 와 같이 써 봅시다.

비유하기

- (마치) 하늘에 구멍이 난 것처럼 엄청 난 폭우가 쏟아졌다.
- 인생도 여행과 같다.

보기

처음	여행에서 날씨는 정말 중요하다. 기대했던 것과 달리 날씨가 좋지 않으면 여행을 제대로 즐길 수 없기 때문이다. 그런데 나는 베트남 하노이에 여행 갔을 때 나쁜 날씨 때문에 오히려 잊지 못할 추억을 가지게 되었다.
중간	작년 10월에 베트남 하노이에 여행을 갔을 때의 일이다. 아침에 호텔에서 **나갈 때만 해도** 맑고 비가 안 왔는데 오후에 갑자기 비가 오기 시작하더니 빗줄기가 굵어졌다. 그리고 하늘에 구멍이 난 것처럼 엄청난 폭우가 쏟아졌다. 나는 우산도 없어서 가게 앞에서 비가 그치기를 기다리고 있었다. 그때 한 베트남 사람이 말을 걸기 시작했다. … (생략)
끝	여행은 보통 낯선 곳으로 떠나는 것이기 때문에 계획대로 되지 않을 때가 많다. 언제 어디서 어떤 일이 생길지 모르는 것이 여행이다. 그런데 우리의 인생도 여행과 같다. 여행할 때 생각하지 못한 변덕스러운 날씨를 만나면 힘들기도 하지만 오히려 추억으로 남기 때문이다. 우리의 인생과 여행은 중간에 어떤 일이 생길지 모르기 때문에 더 즐거운 것은 아닐까?

빗줄기 굵다 엄청나다 생략

3) 위의 글에서 …(생략) 부분에 어떤 내용이 들어갈지 상상해서 보기 와 같이 써 봅니다.

보기

여행할 때는 낯선 사람을 조심해야 한다는 말을 들었기 때문에 걱정이 되었다. 그렇지만 그 사람과 이야기하다가 보니까 그 사람은 옛날에 우리나라를 여러 번 여행한 적이 있는 사람이었다. 그 사람은 비가 그칠 때까지 같이 이야기하면서 기다려 주었다. 그리고 여행 책에도 소개되지 않은 그 나라 사람들만 알고 있는 싸고 맛있는 식당에 데려가 주었다. 나는 계획했던 것보다 더 멋진 저녁 시간을 보낼 수 있었다.

더 생각해 봅시다 여러분 나라에서 날씨와 관련된 재미있는 표현을 친구들과 말해 봅시다.

13과 여행과 발견

2. 재충전을 해야 일도 더 잘 되게 마련이에요

• 학습목표: 혼자 여행 가기 좋은 곳에 대해서 발표할 수 있다.

Ⅰ. 준비해 봅시다

- 이 사람들은 혼자서 어디로 여행을 갔습니까?
- 여러분은 혼자서 여행을 해 본 적이 있습니까?

Ⅰ. 표현해 봅시다

1 혼자 떠난 여행에 대해서 보기 와 같이 대화해 봅시다.

	요즘의 상황	걱정되는 상황	여행	효과	당연한 일
1)	매일 공부만 한다.	쉽게 지친다.	기차를 타고 여행을 가서 여기저기를 돌아다닌다.	기분 전환이 된다.	힘들고 지칠 때는 재충전을 해야 일이 잘 된다.
2)	매일 무리해서 일만 한다.	병이 난다.	절에서 명상하면서 쉰다.	지친 몸과 마음이 재충전된다.	바쁠 때일수록 나 자신을 돌아보는 여유를 가져야 일도 더 잘 된다.
3)	진로 때문에 고민만 한다.	스트레스만 더 쌓인다.	동해 바다에 가서 해돋이를 본다.	새로운 나를 발견할 수 있게 된다.	일이 잘 안 풀릴 때는 일단 쉬어야 문제가 해결된다.
4)	연애 실패 후 술만 마신다.	건강이 나빠진다.	지리산 둘레길을 걷는다.	복잡한 마음이 정리된다.	마음이 복잡할 때는 잠시 쉬면서 여유를 가져야 문제가 해결된다.

보기

가: 며칠 전에는 힘들어 보였는데 얼굴이 좋아 보여요.

나: 네, 혼자 여행을 다녀왔는데 재충전이 된 것 같아요.

가: 혼자요? 저는 혼자 여행은 안 해 봤어요.

나: 그래요? 저는 가끔 혼자 여행을 떠나요. 이렇게 매일 공부만 **하다가는** 쉽게 지칠 것 같아서 혼자 여행을 갔다가 왔어요. 기차를 타고 여행을 가서 여기저기를 돌아다니니까 기분 전환이 되더라고요.

가: 그랬군요. 잘하셨어요. 힘들고 지칠 때는 재충전을 해야 일이 더 **잘 되게 마련이에요.**

재충전 돌아보다 일단 연애 둘레길

2 혼자 여행을 가기에 좋은 곳에 대해서 말해 봅시다.

1) 여행 동호회 모임에서 혼자 여행을 가기에 좋은 곳에 대해 발표하려고 합니다. 발표할 내용을 보기 와 같이 메모해 봅시다.

		보기	나
시작	자기소개	이윤아	
	발표 내용 소개	혼자 하는 여행	
발표 내용	여행지	서울	
	추천 이유	· 안전하다. · 대중교통 이용이 편하다. · 볼거리, 먹을거리가 많다.	
	꼭 가야 할 곳	익선동 한옥마을	
	이유	익선동 골목길을 구경하면서 마음의 여유 느끼기	
끝	끝인사	쉬면서 마음의 여유를 느꼈으면 좋겠다.	

2) 메모한 내용을 바탕으로 보기 와 같이 발표해 봅시다.

발표하기(끝인사)
- 제 발표는 여기까지입니다.
- 끝까지 들어 주셔서 감사합니다.

보기

시작	자기소개	안녕하세요? 저는 한국대학교에 다니는 이윤아입니다.
	발표 내용 소개	오늘 저는 여러분들에게 혼자 여행을 가기에 좋은 곳을 소개해 드리려고 합니다.
발표 내용	여행지	혼자 하는 여행은 무엇보다도 안전한 곳이어야 하겠지요? 그런 이유로 저는 '서울'을 추천합니다.
	추천 이유	서울은 안전하고 대중교통을 이용하기가 편하고 볼거리와 먹을거리가 다양해서 혼자 여행하기에 정말 좋습니다.
	꼭 가야 할 곳	서울에 갈 곳은 아주 많지만 한 곳만 골라야 한다면 '익선동 한옥마을'을 소개하고 싶습니다.

익선동

	이유	우리가 바쁘게 생활하다가 보면 **지치게 마련인데요.** 그럴 때는 잠시 쉬어 가는 것이 필요합니다. 새로운 것을 배우고 경험하면서 시야를 넓히는 것도 좋지만 오로지 자기 자신에게 집중하고 자신이 좋아하는 것이 무엇인지 깨닫는 시간도 필요합니다. 종로 익선동 한옥마을의 골목길에는 현대적인 느낌의 예쁜 한옥으로 된 가게들이 많습니다. 편안한 느낌을 주는 골목길을 천천히 구경하면서 마음의 여유를 느껴보는 것도 좋을 것 같습니다.
끝	끝인사	제가 소개해 드린 여행지는 친구들과 같이 가도 좋지만 혼자 가기에도 좋은 곳입니다. 그곳에서 쉬면서 마음의 여유를 느꼈으면 좋겠습니다. 제 발표는 여기까지입니다. 끝까지 들어 주셔서 감사합니다.

3) 친구들의 발표를 듣고 가장 가고 싶은 여행지를 골라 그 이유를 말해 봅시다.

보기

저는 익선동 한옥마을에 가 보고 싶어요. 왜냐하면 저는 유명한 관광지보다 예쁜 골목길을 산책하는 걸 정말 좋아하거든요. 그리고 골목길을 걸으면 옛 추억도 떠오르고 따뜻한 위로를 받는 것 같아서 좋아요. 한옥마을은 남산과 북촌 한옥마을만 있는 줄 알았는데 종로에 그런 골목길이 있다고 하니까 꼭 한 번 가 보고 싶어요.

⋮

더 생각해 봅시다

여러분은 어떤 여행을 좋아합니까? 여러 가지 여행 방법의 장단점을 비교해서 말해 봅시다.

가족 여행

수학 여행

단체 여행

혼자 하는 여행

시야 오로지 깨닫다 현대적

14과 대중문화

1. 반 친구가 출연했다고요?

• 학습목표: 방송 프로그램의 내용에 대해서 말할 수 있다.

I. 준비해 봅시다

- 위 그림에 나타난 방송은 어느 매체에서 볼 수 있습니까?
- 유익한 정보를 얻을 수 있는 프로그램이 있습니까?

표현해 봅시다

1 자신이 즐겨 보거나 듣는 프로그램에 대해서 보기 와 같이 대화해 봅시다.

1)	2)
·유튜브에 한국어학당이 소개됐는데 반 친구가 출연했다. ·우리 반에서 그 친구가 한국어를 제일 유창하게 한다. 한국어를 유창하게 했다면 방송에 나올 수 있었겠다.	· 라디오 방송 외국인 한국 노래 대회에서 친구가 우승했다. · 친구가 한국 전통 노래를 불렀다. 한국 노래를 잘 불렀다면 대회에 참가했겠다.
3)	**4)**
· 가요 프로그램에 좋아하는 가수가 나왔다. · 그 가수가 해외 공연을 끝내고 한국 활동을 시작했다. 일찍 알았다면 방송국에 가서 직접 봤겠다.	· 홈쇼핑에서 홍삼을 아주 싸게 팔았다. · 10만원이 안 되는 가격으로 팔았다. 방송을 봤다면 비싸게 사지 않았겠다.

보기

가: 어제 그거 봤어요?

나: 뭘요?

가: 유튜브에 한국어학당이 소개됐는데 반 친구가 출연했어요.

나: 반 친구가 **출연했다고요?**

가: 네, 우리 반에서 그 친구가 한국말을 제일 유창하게 해서 나왔어요.

나: 제가 한국말을 조금 더 유창하게 **했더라면** 저도 방송에 나올 수 있었을 텐데요.

출연하다 유창하다 홍삼

2 방송 프로그램에 대해서 말해 봅시다.

1) 평하고 싶은 프로그램에 대해 보기 와 같이 메모해 봅시다.

	보기	나
프로그램 제목	· 정식당	·
프로그램 내용	· 다른 나라에 가서 한식당을 열흘 동안 운영한다. · 요리사가 아닌 배우나 가수가 식당 직원이다.	· ·
특징	· 음식만 파는 것이 아니라 자기 나라의 문화를 알린다. · 프로그램을 본 외국인들이 한국 음식을 더 많이 찾게 되었다.	· ·
아쉬운 점	·술 마시는 장면이 자주 나왔다.	·

2) 메모한 내용을 바탕으로 보기 와 같이 평론가가 되어 평해 봅시다.

평하기

- 자기 나라의 문화를 알린다는 점에서 흥미롭습니다.
- 한 가지 아쉬운 점은 술 마시는 장면이 자주 나왔다는 것입니다.

평하다 평론가 흥미롭다

보기

아나운서: 요즘 다양한 소재로 예능 프로그램이 제작되고 있는데요. 오늘 소개하실 프로그램은 어떤 프로그램입니까?

평론가: 오늘은 '정식당'이라는 프로그램을 소개하겠습니다. 이 프로그램은 다른 나라에 가서 한식당을 열흘 동안 운영하는 프로그램입니다. 요리사가 아닌 배우나 가수가 식당 직원이 돼서 한식당을 운영합니다.

아나운서: 이 프로그램의 특징은 무엇입니까?

평론가: 단순히 음식만 파는 것이 아니라 자기 나라의 문화를 알린다는 점에서 흥미롭습니다. 그리고 이 프로그램에서 요리한 한국의 음식들이 정말 맛있어 보였죠. 이 프로그램을 본 외국인들이 더 많이 한국 음식을 찾게 되었다고 하니 외국인들에게 좋은 영향을 주었다고 할 수 있습니다.

아나운서: 네, 그렇군요. 그럼 이 프로그램에서 아쉬운 점이 있다면 어떤 점일까요?

평론가: 한 가지 아쉬운 점은 술 마시는 장면이 자주 나왔다는 것입니다. 청소년들도 시청하니까 제작자들이 좀 더 주의를 **했더라면** 좋았을 것 같습니다.

3) 여러분 나라에 이와 비슷한 프로그램이 있습니까? 보기 와 같이 말해 봅시다.

보기

대만에는 요리사가 다른 나라에 가서 식당을 운영하는 프로그램이 있습니다.
이 프로그램에서는 대만의 유명한 음식들을 소개합니다. 음식을 만드는 과정과 음식을 먹는 외국인 손님들의 모습을 보여줍니다.

⋮

더 생각해 봅시다

대중매체가 사회에 어떤 영향을 주는지 말해 봅시다.

소재 예능 단순히 시청하다 제작자 매체

14과 대중문화

2. 춤만 잘 출 수 있다면야 밤을 새워서라도 봐야지요

• 학습목표: 1인 방송을 위한 대본을 쓸 수 있다.

Ⅰ. 준비해 봅시다

<1인 방송을 시청하는 이유>

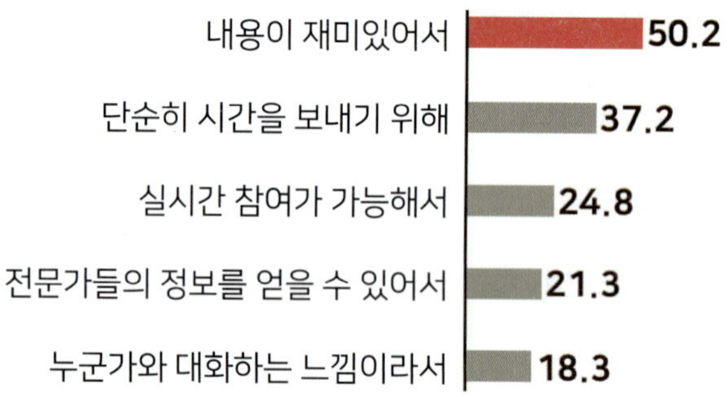

- 위 그래프를 보고 사람들이 1인 방송을 보는 이유를 이야기해 봅시다.
- 여러분은 1인 방송을 자주 봅니까? 왜 그렇습니까?

표현해 봅시다

1 인기 있는 1인 방송에 대해서 보기 와 같이 대화해 봅시다.

1)		**방송 댄스** 인기 있는 춤 동작을 쉽게 가르쳐 준다.
2)		**화장** 다양한 화장품을 직접 써 보면서 화장하는 방법을 알려 준다.
3)		**게임** 새로 나온 게임의 기술을 자세히 알려 준다.
4)		**다이어트 운동** 집에서 간단하게 할 수 있는 운동 방법과 그 효과를 알려 준다.

보기

가: 1인 방송을 즐겨 보시네요.

나: 네, 요즘 방송 댄스**에 관한** 모든 것을 알려 주는 1인 방송이 인기를 끌고 있어요.

가: 그래요? 어떤 정보를 알려 줘요?

나: 인기 있는 춤 동작을 쉽게 가르쳐 주니까 한번 보세요.

가: 그렇군요. 춤만 잘 출 수 **있다면야** 밤을 새워서라도 봐야지요!

끌다

2 여러분이 1인 방송을 제작하려고 합니다. 1인 방송을 위한 대본을 써 봅시다.

1) 어떤 내용으로 만들지 보기 와 같이 기획해 봅시다.

보기

제목 이건 꼭 먹어 봐야 돼!	**이름** 노라
종류 □재미 □여행 ☑생활정보 □취미 □기타(　　　　　)	**길이** 7분
대상 한국에서 생활하는 외국인	
콘텐츠 한국의 인기 있는 라면들 먹어보기	
장소 집에서 촬영	
사용 도구 ☑디지털 카메라　☑삼각대 □디지털 캠코더　□마이크	

제목	**이름**
종류 □재미 □여행 □생활정보 □취미 □기타(　　　　　)	**길이**
대상	
콘텐츠	
장소	
사용 도구 □디지털 카메라　□삼각대 □디지털 캠코더　□마이크	

2) 위 내용을 바탕으로 방송 대본을 보기 와 같이 써 봅시다.

감정 표현하기(놀람)

- 와, 이래도 되는 건가요?
- 입에서 불이 나네요!

보기

#장면1

안녕하세요, 여러분의 정보 통신 노라입니다~ 한국에서 유명한 라면들을 먹어 볼 건데요. 세 개의 컵라면을 먹어 보겠습니다.

#장면2

자, 이제 세 개에 모두 끓는 물을 붓겠습니다. 끓는 물을 부은 후에 전자레인지에 넣고 돌리면 더 맛있다고들 하는데요. 저는 오늘 3분을 그냥! 기다릴게요.

제작하다　기획하다　길이　콘텐츠　캠코더　삼각대

#장면3 (3분 후)
(후루룩) 어, 첫 번째 거는 짜네요. 두 번째 거는 와, 이래도 되는 건가요? 진짜 부드러운데요. 세 번째는 아주 매워서 입에서 불이 나네요! 매운 맛을 좋아하시는 분은 한번 도전해 보세요.

#장면4
그런데 저는 세 가지가 다 정말 맛있어요. 이렇게 **맛있다면야** 매일 먹겠어요! 여러분, "좋아요"를 눌러서 추천하는 것을 잊지 마세요~ 그럼, 다음 시간에 만나요! 안녕!!

#장면1

#장면2

#장면3

#장면4

3) 위 대본으로 1인 방송을 찍어 봅시다. 친구들의 방송을 보고 감상평을 보기 와 같이 말해 봅시다.

보기

가: 어머, 노라 씨가 이렇게 라면을 좋아하는 줄은 몰랐어요. 노라 씨가 어찌나 맛있게 먹는지 저도 보다가 참지 못하고 바로 먹었다니까요!
나: 하하, 그래요? 다른 부분은 어땠어요?
가: 친구들의 반응도 좋았어요. 편집도 잘 한 것 같고요.
⋮

I. 더 생각해 봅시다

여러분 나라에서 재미있는 1인 방송을 소개해 봅시다.

부분 반응 편집

복습 13-14과

1 유키와 흐엉은 열흘 동안 여행을 하려고 합니다. 각각의 상품을 보면서 어떤 여행을 하면 좋을지 보기 와 같이 말해 봅시다.

상황1.

· 당신에게 제안하는 여행의 새로운 선택!, 자유여행보다 편리한 여행을 꿈꿔 보세요!

· 내가 좋아하는 것들을 발견. '나'를 발견하고 내 속도에 맞춰 살아보는 여행!

보기

흐엉: 우리도 편하게 단체로 관광할까?
유키: 단체로 **관광하자고?** 그러면 우리 마음대로 가고 싶은 곳, 먹고 싶은 것을 못하지 않을까?

⋮

상황2.

알뜰 여행
· 3박 4일 알뜰하게~
· 조식이 포함된 저렴한 가격
· 다양하게 즐길 수 있는 활동

상담예약 080-1000-0000

고급 여행
· 최고급 호텔에서 숙박(★★★★)
· 편안한 비행기 좌석!
· 자유롭게 쇼핑과 관광

주문전화 080-0000-0000

상황3.

게시판 | 후기   블로그 홈

혼자하는 여행

쇼핑 천국으로 여행을 다녀왔다. 먹거리, 볼거리 모두 내 마음대로 즐길 수 있어서 그동안의 스트레스가 날아가는 듯 했다.

가족여행

부모님 칠순 기념 가족 여행을 갔다. 아이들도 있어서 관광보다는 여유롭고 한적한 곳으로 갔다. 천국이 바로 이 곳이었다.

2 여러분이 민박 집 주인이라면 어떻게 집을 소개하겠습니까? 자신의 집을 소개하는 글을 써 봅시다.

	보기	나
집의 위치	· 일본 도쿄	·

알뜰   조식   포함   마음대로   칠순

집의 장점	· 교통편이 좋다. · 집 주변에 초밥 맛집이 많다. · 필요한 물건들이 잘 갖춰져 있고 깨끗하다.	· · ·

문화

날씨 관련 한국어 표현

한국어에는 다음과 같이 날씨와 관련된 재미있는 표현이 많이 있다.

"찜통더위"

찜통은 음식을 찔 때 쓰는 냄비이다. 찜통 속에 들어 있는 기분이 들 정도로 아주 무더운 여름철 날씨를 말한다.

"칼바람이 분다."

겨울철에 날카로운 칼날처럼 아주 차갑고 빠르게 바람이 분다는 뜻이다.

"하늘에 구멍이 뚫린 것 같다."

하늘에 큰 구멍이 생겨서 물이 쏟아지는 것처럼 장마철에 계속 많은 비가 오는 것을 말한다.

"여우비가 내린다."
"여우가 시집가나 봐."
"호랑이가 장가가나 봐."

구름 하나 없이 맑은 날에 비가 아주 잠깐 내릴 때 쓰는 말이다. 이 말은 여우와 구름이 사랑했는데 여우가 호랑이한테 시집을 가니까 구름이 해 뒤에 숨어서 울었다는 옛날 이야기에서 왔다.

15과 여가 생활

1. 고생 끝에 낙이 온다는 말이 있잖아요

• 학습목표: 여가 생활에 대한 조사 결과를 설명할 수 있다.

Ⅰ. 준비해 봅시다

- 이 사람들은 무엇을 하고 있습니까?
- 여러분은 여가를 어떻게 보냅니까?

표현해 봅시다

1 여가를 보내는 방법에 대해서 이야기합니다. 어울리는 속담을 찾아서 보기 와 같이 대화해 봅시다.

· 그림의 떡
· 배보다 배꼽이 크다.
· 콩 심은 데 콩 나고 팥 심은 데 팥 난다.
· 고생 끝에 낙이 온다.

	여가를 보내는 방법	내가 하고 싶은 말
1)	일이 바빠서 여유 시간이 없다. 바빠도 시간을 낼 수 있지 않을까? 바빠도 시간을 내서 좋아하는 일을 한다. / 일에 지쳐서 아무것도 못 한다.	조금만 참아 보세요. 바쁜 일이 끝나면 편하게 쉴 수 있을 거예요. 속담 : 고생 끝에 낙이 온다.
2)	캠핑을 다닌다 필요한 것을 다 샀을까? 필요한 것을 하나하나 다 준비해 간다. / 다 준비되어 있는 곳에 몸만 간다.	캠핑 용품을 사다 보면 돈이 너무 많이 들 것 같아요. 속담 :
3)	요가를 배우고 있다. 잘 따라할까? 학원에 열심히 와서 잘 따라한다. / 많이 빠져서 잘 못 한다.	많이 빠지니까 못 하지요. 열심히 가면 잘할 수 있을 거예요. 속담 :
4)	사진 동호회에 들었다. 동호회 활동을 열심히 할까? 사진을 좋아해서 열심히 활동을 한다. / 그냥 시간을 보내러 온다.	저는 요즘 너무 바빠서 여가 생활은 꿈도 못 꿔요. 속담 :

보기

가 : 우진 씨는 여가를 어떻게 보내요?
나 : 요즘 일이 바빠서 여유 시간이 없어요.
가 : 바빠도 시간을 낼 수 있지 않아요?
나 : 바빠도 시간을 내서 좋아하는 걸 하는 사람이 **있는가 하면** 저처럼 일에 지쳐서 아무것도 못하는 사람도 있어요.
가 : 조금만 참아 보세요. 바쁜 일이 끝나면 편하게 쉴 수 있을 거예요. 고생 끝에 낙이 **온다는** 말이 있잖아요.

그림의 떡　콩 심은 데 콩 나고 팥 심은 데 팥 난다　배보다 배꼽이 크다
고생 끝에 낙이 온다　빠지다

2 여가 생활에 대한 조사 결과를 말해 봅시다.

1) 서울 시민들의 여가 생활에 대한 조사 결과입니다. 무엇을 질문했고 어떤 대답을 했는지 이야기해 봅시다.

여가를 보내는 방법

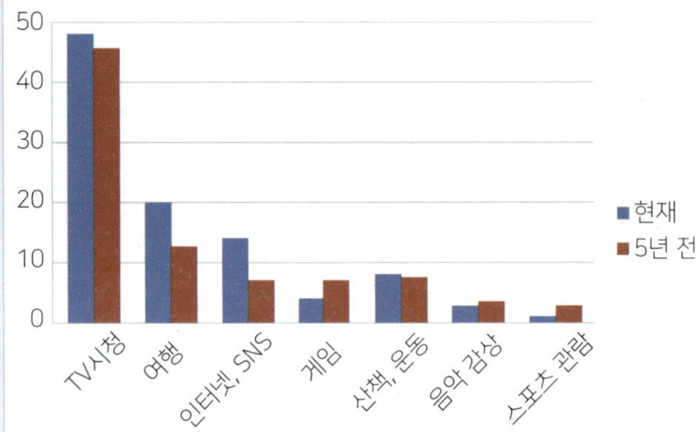

여가를 함께 하는 사람

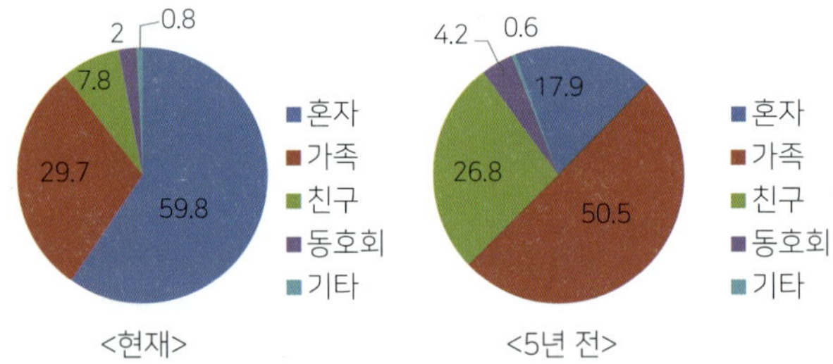

여가에 만족하지 못하는 이유

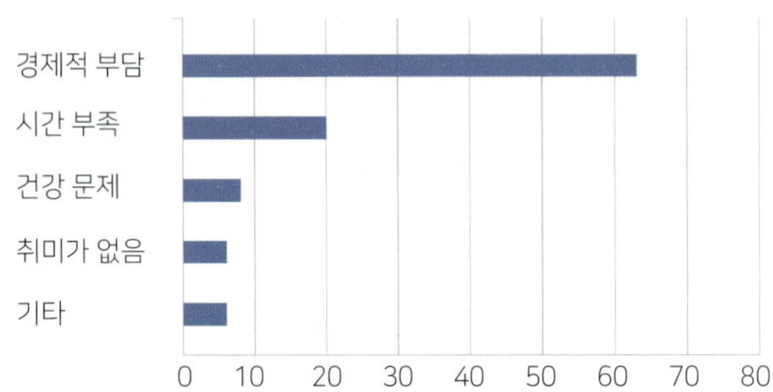

2) 위의 그래프를 보고 조사 결과를 보기 와 같이 설명해 봅시다.

조사 결과 설명하기

- 조사 결과에 따르면 텔레비전을 본다는 대답이 가장 많았습니다.
- 다음으로는 게임을 한다는 대답이 많았습니다.

부담

보기

서울시에서 시민들의 여가 생활에 대한 조사를 실시했습니다. 서울 시민 150명을 대상으로 여가를 보내는 방법을 물었는데요. 취미 활동을 하면서 적극적으로 여가 시간을 보내는 사람이 **있는가 하면** 집에서 소극적으로 여가를 보내는 사람도 있었습니다. 조사 결과에 따르면 여가 시간에 텔레비전을 **본다는** 대답이 가장 많았고 다음으로는 여행, 인터넷과 에스엔에스(SNS), 게임을 한다는 대답이 많았습니다. 그리고 5년 전과 비교했을 때 인터넷과 에스엔에스(SNS)를 하면서 여가를 보내는 사람이 두 배 정도 늘어난 것으로 조사됐습니다. 그밖에 서울 시민들은 산책이나 운동, 음악 감상, 스포츠 관람 등을 하면서 여가를 보내는 것으로 나타났습니다.

3) 위의 질문에 대해서 여러분의 경우는 어떤지 보기 와 같이 말해 봅시다.

보기

저는 요즘 산의 매력에 빠져서 서울에 있는 산에 자주 가요. 산마다 산책로가 잘 되어 있어서 편하게 걸을 수 있어요. 그런데 누구와 시간을 맞추는 것이 쉽지 않아서 주로 혼자 여가를 즐기는 편이에요.

⋮

더 생각해 봅시다

여가 생활로 얻을 수 있는 효과는 무엇일까요? 말해 봅시다.

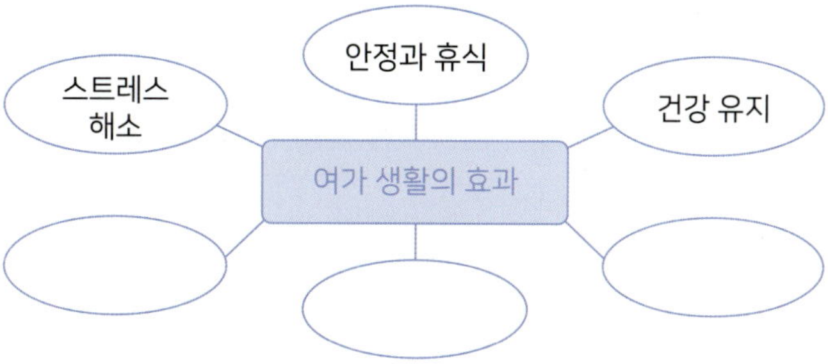

배 매력 산책로 해소

15과 여가 생활

2. 요즘 가구 만드는 재미에 빠졌다지요?

• 학습목표: 경제적으로 여가 생활을 즐길 수 있는 방법에 대해서 쓸 수 있다.

Ⅰ. 준비해 봅시다

- 이 사람들은 여가에 대해서 어떻게 생각합니까?
- 여러분은 여가를 즐기고 있습니까? 그렇지 않다면 이유가 무엇입니까?

표현해 봅시다

1 여가 활동에 대해서 보기 와 같이 대화해 봅시다.

1)	가구 만드는 재미에 빠졌어요. 6개월 전부터 시작했는데 동호회에서 여러 명이 같이 재료를 사면 생각보다 돈이 적게 들어요.	선택1: 동호회에 든다. 선택2: 공동 구매를 알아본다.
2)	춤을 배우러 다녀요. 한 삼 개월 쯤 됐는데 주민 센터에서 일반 학원보다 싸게 배우고 있어요.	선택1: 주민 센터에 가 본다. 선택2: 구청에 가 본다.
3)	바리스타 과정을 공부하고 있어요. 지난달부터 학원에 다녔는데 돈이 좀 들지만 나중에 바리스타가 되면 돈을 벌 수 있으니까 괜찮다고 생각해요.	선택1: 학원에 다닌다. 선택2: 우리 대학 평생 교육원을 알아본다.
4)	실내 암벽 등반을 열심히 해요. 얼마 전에 시작했는데 앱(App)을 이용해서 일회 이용권을 사면 부담스럽지 않게 즐길 수 있어요.	선택1: 앱을 이용한다. 선택2: 스포츠센터를 찾아본다.

보기

가 : 영인 씨가 요즘 가구 만드는 재미에 **빠졌다지요?**

나 : 네, 6개월 전부터 시작했대요.

가 : 저도 관심이 있는데 돈이 많이 들지 않을까요?

나 : 동호회에서 여러 명이 같이 재료를 사면 생각보다 돈이 적게 드나 봐요.

가 : 돈이 적게 든다니까 저도 동호회에 **들든지** 공동 구매를 **알아보든지** 해야겠어요.

공동 구매　바리스타　과정　암벽 등반　부담스럽다

2 경제적으로 여가를 즐길 수 있는 방법에 대해서 써 봅시다.

1) 여가 활동을 한 가지 조사해서 보기 와 같이 메모해 봅시다.

활동	보기 스케이트 타기	
방법	《싸서 좋아!》 서울광장 스케이트장 이용	《비싸지만 한 번은 괜찮아!》 호텔 스케이트장 이용
비용	천 원/1시간	5만 5천 원/2시간
특징	·대여료가 포함되어 있다. ·다양한 즐길 거리가 있다.	·분위기가 좋다. ·여유롭게 즐길 수 있다.

활동		
방법	《싸서 좋아!》	《비싸지만 한 번은 괜찮아!》
비용		
특징	· ·	· ·

2) 여러분이 잡지 기자가 되어서 경제적으로 즐길 수 있는 여가 활동에 대한 정보를 주는 기사를 보기 와 같이 써 봅시다.

권유하기

- 친구들과 같이 방문해 보지 않으시겠어요?
- 한 번쯤 가 보는 것을 추천합니다.

보기

조사 결과에 따르면 사람들이 여가에 만족하지 못하는 가장 큰 이유가 경제적 **부담이라지요?** 그래서 'Y 매거진'의 김 기자가 경제적인 면에서의 극과 극 체험을 해 보았습니다.

경제적 대여료 극

방법1 비용 특징 방법2 비용 특징	이번 주에는 제가 스케이트를 타고 왔는데요. 먼저 서울광장 스케이트장을 찾았습니다. 해마다 겨울이 되면 서울광장에서 스케이트장이 운영되는 것을 알고 계시지요? 이용 요금은 한 시간에 천 원이고 스케이트 대여료가 포함되어 있습니다. 그리고 컬링 체험을 하는 곳과 북 카페도 있어서 생각보다 즐길 거리가 많았습니다. 기대를 별로 안하고 갔는데 스케이트도 깨끗하고 시설도 좋은 편이어서 겨울 기분을 제대로 느낄 수 있었습니다. 저렴하게 여가를 즐기고 싶으신 분들, 친구들과 같이 방문해 보지 않으시겠어요? 저녁에는 호텔 스케이트장을 방문했습니다. 입장료가 3만 5천 원, 대여료가 2만 원이고 두 시간동안 이용할 수 있었습니다. 해가 질 때쯤 조명이 켜지니까 정말 분위기가 좋았고 서울광장보다 여유로웠습니다. '이래서 비싼 돈을 들여서 오는구나' 라는 생각이 들었습니다. 자주는 못 오겠지만 특별한 날, 특별한 사람과 분위기를 즐기고 싶을 때 한 번쯤 가 보는 것을 추천합니다.

3) 위의 기사에 나온 활동 중에서 무엇을 선택하겠습니까? 왜 그렇습니까? 보기 와 같이 말해 봅시다.

보기

저는 서울광장 스케이트장을 이용하겠습니다. 호텔 스케이트장이 아무리 좋아도 스케이트를 타는 것에 5만 원을 들이고 싶지 않습니다. 서울광장 스케이트장도 시설이 좋다니까 한번 가 보고 싶습니다.

⋮

더 생각해 봅시다

여러분에게 여가 활동이란 무엇인지 말해 봅시다.

"삶에 꼭 필요한 부분이죠."　　"시간과 돈이 드는 일?"

컬링　북 카페　삶

16과 생활 속의 환경

1. 맥주병을 이용해서 만든 양초는 어떻던가요?

• 학습목표: 물건을 재활용 할 수 있는 방법에 대해서 발표할 수 있다.

Ⅰ. 준비해 봅시다

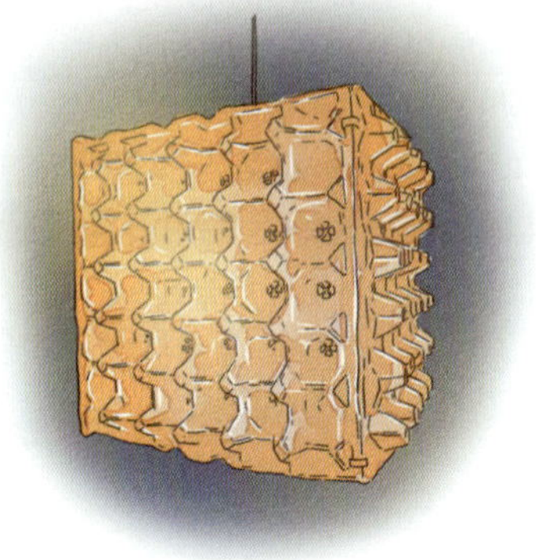

• 위의 그림에 있는 것들은 무엇으로 만들었을까요?
• 여러분은 버린 물건을 사용해서 만든 제품을 본 적이 있습니까?

표현해 봅시다

1 다음 내용을 보고 보기 와 같이 대화해 봅시다.

	추측	근거	전시회에서 만든 물건	느낌
1)	어제 술을 마셨나?	맥주병이 쌓여 있다.	맥주병을 이용한 양초	꽤 예쁘다.
2)	어제 책을 정리했나?	책이 쌓여 있다.	연필꽂이	특이하다.
3)	집안의 전구를 다 바꾸나?	전구가 많이 놓여 있다.	전구를 이용한 화분	전구로 만든 것 같지 않다.
4)	과자를 좋아하나?	빈 과자 봉지가 많이 있다.	지갑	새롭다.

보기

가 : 어제 술을 마셨어요? 이렇게 맥주병이 **쌓여 있게요.**

나 : 아, 이거요? 양초를 만들어 보려고 모아 놓았어요.

가 : 양초를 만들다니요?

나 : 어제 전시회에 다녀왔는데 맥주병을 이용해서 만든 양초를 봤거든요.

가 : 아, 그래요? 맥주병을 이용해서 만든 양초는 **어떻던가요?**

나 : 생각보다 꽤 예쁘던데요.

양초　연필꽂이　전구

16-1

2 재활용품 활용에 대해서 말해 봅시다.

1) 버려지거나 다 쓴 물건에 디자인이나 활용성을 더해서 새로운 제품을 만들어 보려고 합니다. 보기 와 같이 재활용할 수 있는 방법을 메모해 봅시다.

보기		나
크리스마스 트리	무엇을 만들 거예요?	
소주병	무엇으로 만들 거예요?	
우리 주변에서 쉽게 볼 수 있는 소재, 적은 비용	그것을 만드는 이유는 뭐예요?	
소주병 스티커를 떼고 씻는다. → 말린다.→ 소주병을 순서대로 쌓는다. → 잘 묶는다. → 전구를 단다	어떻게 만들면 돼요?	

2) 메모한 내용을 바탕으로 보기 와 같이 발표해 봅시다.

계획하기

- 저는 세상에 하나뿐인 크리스마스 트리를 만들려고 합니다.
- 집에 쌓여 있는 소주병으로 만들어 볼까 합니다.

활용성　재활용하다　떼다　말리다　묶다

보기

여러분, 지난 해 크리스마스 트리는 어땠습니까?
아름답던가요?

오늘 저는 세상에 하나뿐인 크리스마스 트리를 만들려고 합니다.

어떻게 만들지 궁금하시죠?
집에 쌓여 있는 소주병으로 만들어 볼까 합니다.

소주병을 이용해서 만들려고 하는 이유는 소주병은 우리 주변에서 쉽게 볼 수 있기 때문입니다. 그리고 10만원 정도 하는 크리스마스 트리를 적은 비용으로 만들고 싶었습니다.

이 작품을 만들려면 제일 먼저 소주병에 붙어 있는 스티커를 잘 씻은 후 말립니다. 다 말린 후에 순서대로 쌓으면 됩니다. 이 때 소주병이 무너지지 않도록 잘 묶어야 합니다. 다 쌓은 후에 전구를 달면 됩니다.

지금까지 저의 작품 설명이었습니다.
들어 주셔서 대단히 감사합니다.

3) 친구의 발표를 듣고 질문하고 평가해 봅시다.

보기

- ✔사람들이 많이 살 것 같습니까?
- ✔가격은 얼마가 적당하다고 생각하십니까?
- ✔ ____________________

	디자인(10점)	아이디어(10점)	활용성(10점)	총 (30점)
친구 1				
친구 2				

더 생각해 봅시다

환경 보호를 위해 일반 제품보다 조금 더 비싸더라도 업사이클링 제품을 구입할 생각이 있습니까? 그 이유를 말해 봅시다.

☐ 디자인이 마음에 들기 때문에
☐ 환경 보호를 생각하기 때문에
☐ 디자인이 특이하기 때문에
☐ ____________________

무너지다 적당하다 총 업사이클링

16과 생활 속의 환경

2. 오늘부터 이면지로 활용하도록 해야겠어요

• 학습목표: 환경 보호 캠페인을 위한 동영상 대본을 쓸 수 있다.

Ⅰ. 준비해 봅시다

• 위 그림은 무엇에 대한 그림입니까?
• 여러분은 하루에 얼마나 많은 쓰레기를 버리고 계십니까?

표현해 봅시다

1 환경 보호에 대해서 보기 와 같이 대화해 봅시다.

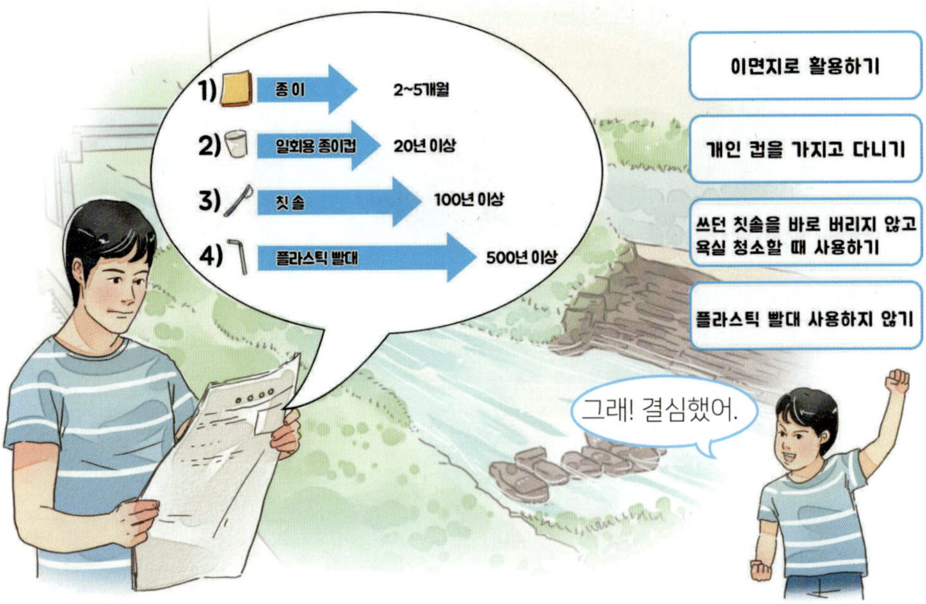

보기

가 : 영수 씨, 종이가 썩으려면 2~5개월 정도 걸린대요. 쓰는 시간은 짧은데 썩는 시간은 꽤 기네요.

나 : 아, 그래요? 종이 썩는 기간이 그렇게 오래 걸리는 줄 몰랐어요.

가 : 글쎄 말이에요. 지금까지 종이를 한 번 쓰고 버렸는데 반성 좀 해야겠어요.

나 : 제 친구도 그 기사를 **보더니** 종이를 한 번 쓰고 버리지 않고 이면지로 활용하던데요.

가 : 처음에는 좀 불편하겠지만 저도 오늘부터 이면지로 **활용하도록 해야겠어요.**

이면지 빨대 반성하다

2 일회용품을 줄일 수 있는 방법에 대해서 써 봅시다.

1) 환경 보호 광고에 어울리는 글을 연결하고 남은 하나는 광고 글을 만들어 봅시다.

❶	❷	❸	❹
1) 안 보인다고 해서 쓰레기가 존재하지 않는 것은 아닙니다.	2) 엄마, 저 풀은 이름이 뭐예요?	3) 일회용품 사용으로 자연은 허리가 휩니다.	4) ______

2) 환경 보호 캠페인을 위한 동영상을 제작하려고 합니다. 보기 와 같이 써 봅시다.

제안하기

- 종이컵보다 환경을 지킬 수 있는 개인 컵이 낫지 않을까요?
- 개인 컵을 이용하면서 할인까지 받아 보시겠습니까?

일회용품 존재하다 휘다 캠페인

보기

장면	동영상	자막
#1		"여러분의 일회용품 사용으로 자연은 허리가 휩니다." 여러분, 이 광고를 보면 어떤 생각이 드십니까?
#2		출근할 때, 데이트 할 때, 퇴근 할 때 여러분이 생각 없이 쓰고 계시는 종이컵. 종이컵이 썩을 때까지 20년이 걸립니다.
#3		환경을 해치는 종이컵보다 환경을 지킬 수 있는 개인 컵이 낫지 않을까요? 개인 컵을 이용하면서 할인까지 받아 보시겠습니까? 개인 컵 하나로 돈도 절약하고 자연도 보호할 수 있습니다.
#4		여러분도 한번 실천해 **보도록** 하세요. 생활 속 작은 실천으로 지구를 지킵시다.

해치다 지구

장면	동영상	자막
#1		
#2		
#3	 	
#4	 	

나무젓가락 포크 최소화하다

3) 환경 보호 캠페인 동영상을 보고 일회용품을 줄일 수 있는 또 다른 방법을 보기 와 같이 말해 봅시다.

보기

요즘 배달 음식을 많이 먹는데 주문할 때 거기에서 나오는 나무젓가락, 플라스틱 수저, 포크나 빨대와 같은 일회용품을 빼고 보내 달라고 하는 것도 쓰레기를 최소화하는 방법인 것 같습니다.

⋮

더 생각해 봅시다

환경을 위해서 우리가 할 수 있는 것은 무엇이 있을까요? 말해 봅시다.

☐ 음식물 쓰레기가 생기지 않도록 먹을 만큼만 음식 준비하기

☐ 주변의 동식물들을 아끼고 사랑하기

☐ 가까운 거리는 걸어서 다니기

☐ ____

1 다음의 상황에 대해서 보기 와 같이 대화하십시오.

상황1 : 주말에 서울숲을 구경하고 근처에 새로 생긴 카페에 갔다. 개인 컵이 있으면 천 원을 할인해 준다고 쓰여 있었다. 플라스틱 사용을 줄이기 위해서 빨대도 제공하지 않는다는 안내문도 붙어 있었다. 환경을 위해 이런 노력들을 하는 곳이 조금씩 늘고 있는 것 같아서 좋았다. 그리고 나도 일회용품을 덜 사용해야겠다고 생각했다.

보기

가 : 주말에 서울숲에 간다더니 잘 갔다 왔어요? **좋던가요?**

나 : 네, 생각보다 넓고 잘 꾸며 놓았던데요. 구경을 하다가 근처에 새로 생긴 카페에 갔는데 개인 컵이 있으면 할인을 해 준다고 쓰여 있었어요.

⋮

상황2 : 요즘 시간이 날 때 여가 활동을 같이 할 사람을 모아 주는 앱(App)을 이용해서 관심 있는 활동을 한다. 지난주에는 북한산 등산을 갔는데 이번에 고른 활동은 등산만 하는 것이 아니었다. 길 옆에 있는 쓰레기를 줍고 주변의 식물을 크지 못하게 하는 풀도 잘라 주면서 걷는 활동이었다. 뭔가 환경을 지키는 좋은 일을 한 것 같아서 기분이 좋았다.

상황3 : 요즘 날씨가 너무 덥다. 시원한 곳에 가고 싶어서 서울 근교의 계곡에 놀러갔다. 나무 아래에서 계곡에 발을 담그고 있으니까 정말 좋았다. 그런데 계곡을 따라 양쪽 옆으로 불법 영업을 하고 있는 식당이 많았다. 시원한 곳에서 맛있는 음식을 먹는 것은 좋지만 자연 환경을 깨끗하게 지킬 수 없을 것 같아서 걱정이 되었다.

2 여가 활동도 하면서 환경도 지킬 수 있는 방법은 무엇이 있을까요? 한 가지 생각해서 여가 활동 서비스를 제공하는 앱에 사람을 모으는 글을 써 봅시다.

불법

	보기	나
활동	비누 만들기	
날짜, 시간	7월 24일, 저녁 8시	
비용	만 오천 원	
장소	신촌역 3번 출구 연세빌딩 3층	
호스트 소개	· 디자인을 전공하는 대학원생. · 미용에 관심이 많아서 비누를 만들기 시작함.	

연습하기

문화

옛날의 여가 생활

옛날 사람들은 무엇을 하면서 여가를 보냈을까? 옛날에는 사회적 지위와 성별, 나이에 따라서 즐기는 것이 달랐다. 지위가 높은 사람들은 서예, 바둑, 뱃놀이, 악기 연주, 시 읽기 등을 하였고, 보통 사람들은 탈춤, 농악, 씨름, 제기차기 등을 즐겼다. 그리고 여자들은 널뛰기, 수놓기, 강강술래, 그네 타기와 같은 놀이를 하고 아이들은 제기차기, 투호, 팽이치기, 연날리기 등을 하고 놀았다. 사람들은 놀이를 하면서 즐겁게 시간을 보내고 서로 돕는 마음을 길렀다. 또한 가정과 마을의 행복을 바라고 농사가 잘 되기를 바라는 의미로 놀이를 하기도 했다.

서예

바둑

농악

수놓기

17과 개인과 공동체

1. 회식에 모두 참석해야 하는 걸 알았을 텐데 그랬단 말이에요?

• 학습목표: 개인주의에 대한 글을 요약해서 쓸 수 있다.

I. 준비해 봅시다

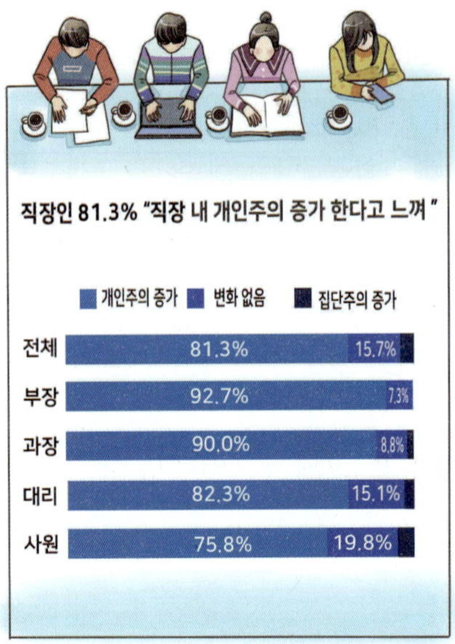

- 위의 그래프는 무엇에 대한 조사 결과입니까?
- 여러분은 개인주의에 대해 어떻게 생각합니까?

표현해 봅시다

1 요즘 사람들의 개인주의에 대해 보기 와 같이 대화해 봅시다.

	회사	개인주의적 행동	추측	요즘 사람들
1)	회사	· 회식이 있었는데 다른 약속이 있다고 하면서 오지 않은 사람이 많았다. · 회식 자리에 와도 각자 휴대 전화만 보고 다른 사람의 이야기를 잘 듣지 않았다.	회식에 모두 참석해야 하는 걸 알았을 것 같다.	개인적인 생활을 더 중요하게 생각한다.
2)	회사	· 휴가 중인 동료에게 급한 업무가 생겼는데 아무도 하려고 하지 않았다. · 상사가 그 업무를 누가 대신 하겠냐고 물었는데도 각자 자기 일만 하고 잘 듣지 않았다.	급한 일이라는 걸 알았을 것 같다.	남에게 피해를 주거나 받는 것을 싫어한다.
3)	학교	· 학교 팀 과제 발표 준비 모임이 있었는데 오지 않은 사람이 많았다. · 준비 모임에 와도 자기가 맡은 부분에만 신경쓰고 같이 해야 할 부분은 잘 듣지 않았다.	다 같이 준비해야 하는 걸 알았을 것 같다.	자기가 맡은 일 이외에는 관심이 없다.
4)	학교	· 같이 수업을 듣는 친구가 수업과 관련된 정보를 모르고 있었는데 아무도 신경쓰지 않았다. · 수업에 와도 같이 수업을 듣는 다른 사람들에게 인사를 잘 하지 않았다.	친구가 정보를 모르는 걸 알았을 것 같다.	남에게 관심이 없다.

보기

가: 요즘 사람들은 개인주의적인 것 같아요.

나: 왜 그렇게 생각하세요?

가: 어제 회사에서 회식이 있었는데 다른 약속이 있다고 하면서 오지 않은 사람들이 많았어요.

나: 회식에 모두 참석해야 하는 걸 **알았을 텐데** 그랬단 말이에요?

가: 네, 그리고 회식 자리에 와도 각자 휴대 전화만 보고 다른 사람의 이야기를 **듣는 둥 마는 둥 하더라고요.**

나: 요즘 사람들은 개인적인 생활을 더 중요하게 생각하는 것 같아요.

개인주의

2 '개인주의'에 대해서 요약하는 글을 써 봅시다.

1) 다음을 읽고 보기 와 같이 한 문장으로 요약해 보십시오.

<요약하기>

1. 중요한 단어를 찾으십시오.
2. 여러 단어는 그것들을 모두 포함할 수 있는 단어로 바꾸십시오.
   (예: 수영, 축구→운동 / 빵, 고기→음식)
3. 필요 없는 문장을 지우십시오. (덧붙이는 설명, 예, 인용) 필요없는 문장
4. 한 문장으로 요약하십시오.

보기

많은 사람들은 개인주의와 이기주의를 같은 것으로 오해하기도 한다. 그러나 개인주의는 긍정적인 의미를, 이기주의는 부정적인 의미를 가지고 있다. 개인주의는 남에게 피해를 주지 않으면서 전체보다 개인의 자유와 행복을 중요하게 생각하는 것이고, 이기주의는 남에게 피해를 주면서 자기 자신의 이익만을 중요하게 생각하는 것이기 때문에 개인주의와 이기주의는 다르다.

~~많은 사람들은 개인주의와 이기주의를 같은 것으로 오해하기도 한다. 그러나 개인주의는 긍정적인 의미를, 이기주의는 부정적인 의미를 가지고 있다.~~ 개인주의는 남에게 피해를 주지 않으면서 ~~전체보다~~ 개인~~의 자유와 행복~~을 중요하게 생각하는 것이고, 이기주의는 ~~남에게 피해를 주면서 자기~~ 자신의 이익만을 중요하게 생각하는 것이기 때문에 개인주의와 이기주의는 다르다.
→ 이 둘은 / 이 두 사고방식은

→ 개인주의는 남에게 피해를 주지 않으면서 개인을 중요하게 생각하는 것이고 이기주의는 자신의 이익만을 중요하게 생각하는 것이기 때문에 이 둘은 다르다.

일반적으로 미국, 캐나다, 프랑스 같은 나라에서는 개인주의가 강하고 한국, 일본, 중국 등의 나라에서는 집단주의가 강하다. 집단주의 사회에서는 개인주의와는 반대로 개인들의 의견과 이익보다는 집단의 목표와 이익을 중요하게 생각한다. 그러나 한국의 집단주의는 일반적인 집단주의와 다르다. 한국에서는 집단의 목표보다는 그 안에 있는 사람들 간의 관계 유지를 더 중요하게 생각한다.

→ ____________________
____
____

요약 덧붙이다 이기주의 집단주의

2) 다음의 글을 읽고 보기 와 같이 전체 글의 요약문을 써 봅시다.

연결하기

- 다른 사람들의 시선을 의식하지 않고 남에게 피해를 주지 않는다.
- 다른 사람에게 무관심하며 같이 돕거나 문제를 해결하려는 노력이 약하다.

보기

요즘 직장 안에서 개인주의적인 사고방식을 가진 사람들이 증가하고 있다. 개인주의의 장점은 다른 사람들의 시선을 의식하지 않고 남에게 피해를 주지 않으면서 자유롭게 일할 수 있다는 것이다. 그러나 자기 자신에게만 관심을 가지기 때문에 다른 사람에게 무관심하며 같이 돕거나 문제를 해결하려는 노력이 약하다는 단점이 있다.

뮤지컬 공연에서 다른 사람과 같이 노래를 부를 때 자기 실력을 보여주겠다고 혼자 크게 노래하면 좋은 공연을 보여줄 수 없다. 상대방을 도와주지 않고 서로에게 맞추려고 노력하지 않으면 아무리 개인의 능력이 뛰어나도 아름다운 화음을 만들 수 없기 때문이다.

직장 생활을 하다 보면 다른 사람들과 같이 일을 하면서 개인의 업무 능력을 높이고 한 단계 발전할 수 있는 경우가 많다. 자신과 관계가 없는 일은 **보는 둥 마는 둥하고** 다른 사람들의 의견을 **듣는 둥 마는 둥하면** 더 좋은 결과를 만들어 낼 수 없다. 서로의 의견을 존중하고 같이 도우면서 일하는 것이 필요할 것이다.

→ ______________________________

____

____

____

3) 요약한 내용을 발표해 보고 보기 와 같이 개인주의에 대한 자신의 생각을 말해 봅시다.

보기

요즘 직장에서 개인주의가 증가하고 있다고 하는데 저는 개인주의에 대해서 긍정적으로 생각합니다. 왜냐하면 개인주의는 이기주의와는 달리 상대방에 대한 존중의 의미가 있기 때문입니다.

⋮

I. 더 생각해 봅시다

가족과 친구들, 학교, 직장에서 개인주의를 느낀 경험을 말해 봅시다.

시선 의식하다 화음 단계

17과

개인과 공동체

2. 회사 동료들과 같이 지내는 만큼 조심해야 할 것들이 많아요

• 학습목표: 공동생활을 할 때 지켜야 할 것들에 대해서 쓸 수 있다.

I. 준비해 봅시다

- 이 사람들은 누구와 같이 살고 있습니까?
- 위와 같이 여러 사람들과 같이 생활할 때 좋은 점과 나쁜 점은 무엇입니까?

표현해 봅시다

1 다음과 같은 공동생활의 장단점은 무엇입니까? 보기 와 같이 대화해 봅시다.

	공동생활	장단점	관련 표현	내 생각
1)	회사 동료들과 회사 기숙사	· 돈을 아낄 수 있다. · 회사 동료들과 같이 지내니까 조심해야 할 것이 많은데 특히 말조심을 해야 한다.	낮말은 새가 듣고 밤말은 쥐가 듣는다.	상사나 회사 이야기를 할 때는 항상 말조심을 해야겠다.
2)	친구들과 아파트	· 외롭지 않다. · 아무리 친해도 다른 사람들과 같이 사니까 조심해야 할 것들이 많다.	돌다리도 두들겨 보고 건너라.	다시 한번 꼼꼼하게 확인해 보고 결정해야겠다.
3)	여러 사람들과 셰어하우스	· 혼자일 때보다 월세가 싸고 안전하다. · 여럿이 같이 생활하니까 지켜야 할 규칙들이 많다.	먼 친척보다 가까운 이웃이 낫다.	같이 사는 사람들이 서로 도움을 주고받을 수 있어서 좋은 점도 있겠다.
4)	기숙사 룸메이트와 학교 근처 원룸	· 학교에서 가깝다. · 월세가 싸니까 사야 할 가구나 가전제품 등이 많다.	배보다 배꼽이 크다.	월세보다 침대나 냉장고 같은 물건 구입비가 더 들겠다.

보기

가: 회사 동료들과 기숙사에서 살면 불편할까요?

나: 왜요? 이사하게요?

가: 네, 집주인이 올해 안으로 집을 비워 달라고 해서 이번 기회에 동료들이 살고 있는 회사 기숙사로 이사할까 생각 중이에요.

나: 돈을 아낄 수 있어서 좋지만 회사 동료들과 같이 **지내는 만큼** 조심해야 할 것이 많은데 특히 말조심을 해야 해요.

가: 그렇군요. 낮말은 새가 듣고 밤말은 쥐가 **듣는다고** 상사나 회사 이야기를 할 때는 항상 말조심을 해야겠어요.

공동생활　낮말은 새가 듣고 밤말은 쥐가 듣는다　여럿　비우다

2 함께 사는 집에서 지켜야 할 것들에 대해서 써 봅시다.

1) 기숙사, 고시원, 셰어하우스 등 공동생활을 할 때 지켜야 할 것을 지키지 않은 사람에게 경고할 내용을 보기 와 같이 메모해 봅시다.

장소	경고할 내용
주방(부엌)	보기 냉장고 안에 있는 다른 사람의 음식을 먹지 마십시오. · 전자레인지는 ____________ · 식사나 요리 후에는 ____________ · ____________
샤워실 화장실	· 샤워 후에는 바닥의 물기를 닦으십시오. · 치약 뚜껑은 ____________ · ____________
거실	· 소파에서는 ____________ · TV는 ____________ · ____________
베란다	· 세탁기 사용 후에는 ____________ · ____________
계단 엘리베이터	· 계단에서 담배를 피우지 마십시오. · ____________
기타	· 다른 사람의 우산을 가져가지 마십시오. · 밤늦게까지 ____________ · ____________ · ____________

2) 메모한 내용을 바탕으로 보기 와 같이 써 봅시다.

경고하기

- 계속 이런 일이 생기면 신고하겠습니다.
- 밤에는 조용히 해 주시기 바랍니다.

경고 물기

보기

여러분, 냉장고 안에 있는 다른 사람의 음식을 주인의 허락 없이 마음대로 먹지 마십시오. 냉장고 안에 있는 물건에 이름을 붙여 놓았는데 최근에 제 반찬과 음료수가 계속 없어지고 있습니다. 지금까지 많이 참았습니다. 꼬리가 길면 **밟힌다고** 언젠가 잡힙니다. 계속 이런 일이 생기면 CCTV를 확인해서 경찰에 신고하겠습니다.

-고시원에 사는 대학생-

안녕하세요? 누가 제 우산을 갖다가 쓰고 있나요? 당장 돌려주시면 안 돼요? 선물로 받은 우산이라서 저에게는 너무나 소중한 물건이랍니다. 직접 와서 갖다가 준다면 목숨만은 살려 줄게요.♥

-마리아-

안녕하세요? 밤 12시에 도대체 뭐 하세요? 청소하세요? 운동하세요? 춤을 추세요? 조용히 하라고 몇 번이나 경고했을 텐데 쇠귀에 경읽기라고 아무리 말해도 소용없군요. 제발 부탁이니 밤에는 조용히 해 주시기 바랍니다.

-아랫층 사람-

3) 쓴 내용을 발표해 보고 친구의 경고문 중에서 어느 것이 가장 효과가 있을지 말해 봅시다.

보기

제 생각에는 마리아 씨가 쓴 경고문이 가장 효과가 있을 것 같아요. 보는 사람이 별로 기분이 나쁘지 않은 경고문이잖아요. 이 글을 보면 우산을 당장 갖다 놓을 것 같아요.
⋮

더 생각해 봅시다

여러분 나라의 공동체 마을이나 공동생활을 하는 집에 대해서 소개해 봅시다.

허락 밟히다 목숨 쇠귀에 경읽기

18과 변화하는 사회

1. 다섯 명 중에 세 명꼴로 가족들에게 무관심하대요

• 학습목표: 사고방식의 변화에 대해서 말할 수 있다.

Ⅰ. 준비해 봅시다

가족

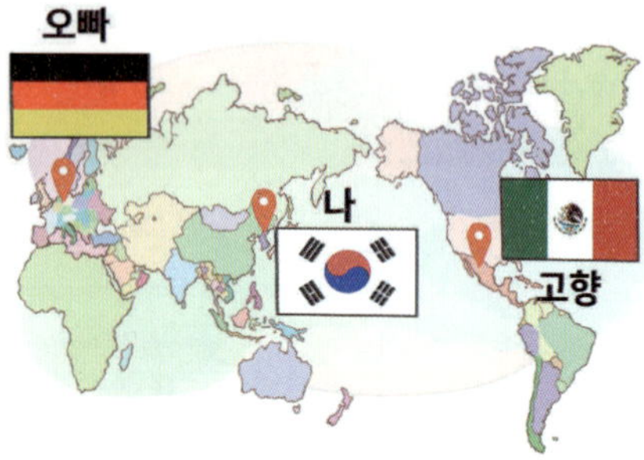

직장

- 그림 속의 가족과 직장이 어떻게 다릅니까?
- 여러분은 가족이나 직장에 대해서 어떻게 생각합니까?

표현해 봅시다

1 사고방식의 변화에 관한 그래프를 보고 보기 와 같이 대화해 봅시다.

1) 가족에 대한 생각

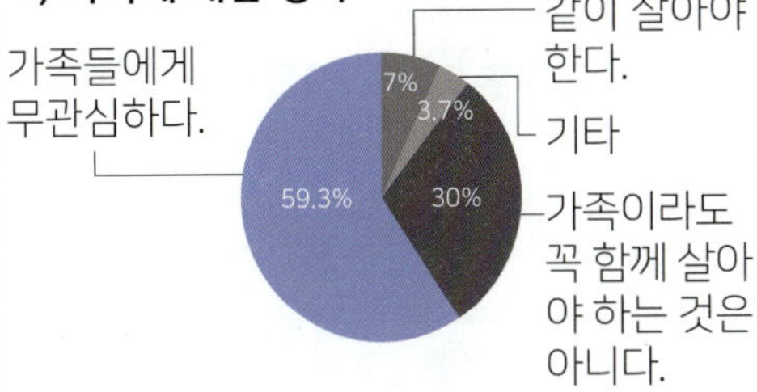

- 가족이라고 해서 꼭 같이 살아야 하는 건 아니다.
- 서로 무관심해지면 가정이 무너지기도 한다.

2) 삶을 즐겨야 하는 이유

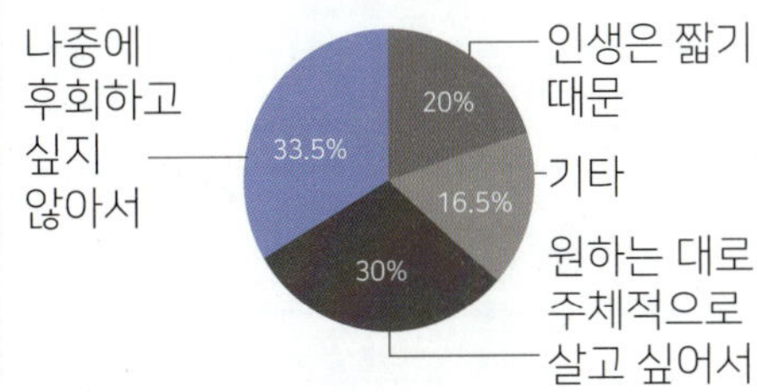

- 한 번 사는 인생, 즐기면서 살고 싶다.
- 마음대로 살다가 나중에 후회하기도 한다.

3) 조기유학을 보내는 이유

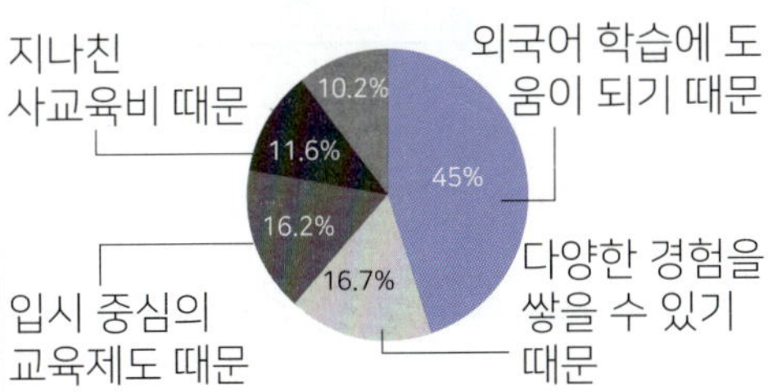

- 아이를 키운다면 초등학생 때 유학을 보내도 괜찮다.
- 너무 어렸을 때 유학하면 어디에도 적응을 못하기도 한다.

4) 결혼에 대한 생각

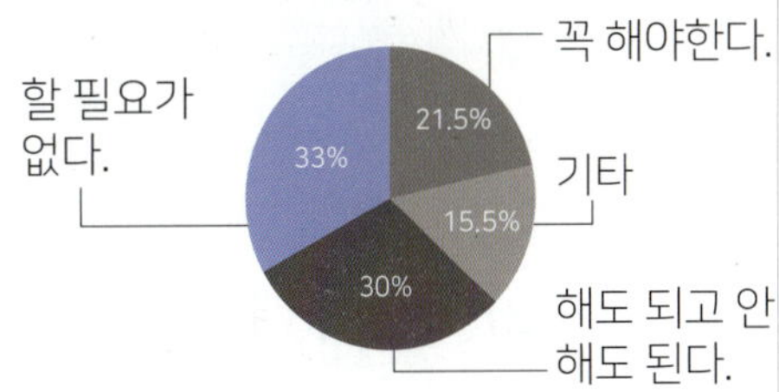

- 결혼을 꼭 해야 하는 건 아니다.
- 많은 사람들이 결혼하지 않으면 경제가 무너질 수 있다.

보기

가: 이 기사 봤어요? 가족에 대한 생각을 조사했는데 다섯 명 중에 세 명**꼴로** 가족들에게 무관심하대요.

나: 그래요? 그 밖에 또 어떤 결과가 있어요?

가: 가족이라도 꼭 함께 살아야 하는 것은 아니라고 대답한 사람이 30%래요.

나: 저도 가족이라고 해서 꼭 같이 살아야 하는 건 아닌 것 같아요.

가: 그렇긴 한데 서로 무관심해지면 가정이 **무너지는 수가 있어요.**

무관심 조기 입시 중심 경제

2 세대 차이에 대해서 말해 봅시다.

1) 여러분은 무엇에 가장 큰 세대 차이를 느낍니까? 보기 와 같이 질문을 만들어서 친구들에게 물어 봅시다.

☐사용 언어 ☐직업 선택 ☐결혼 여부 ☑옷차림 ☐취미 활동

☐선호하는 음악 ☐기타 ______________________________

보기	나
옷차림	____________________
① 부모님과 옷차림이 어떻게 다릅니까?	① ______________________?
② 부모님께서 당신의 옷차림을 어떻게 생각하십니까?	② ______________________?
③ 이러한 차이 때문에 어떤 점이 불편합니까?	③ ______________________?

2) 자신이 대답한 것을 바탕으로 보기 와 같이 조언을 구해 봅시다.

조언 구하기

- 어떻게 해야 할지 모르겠습니다.
- 어떻게 하면 생각의 차이를 줄일 수 있을까요?

세대 여부 옷차림 선호하다

보기

가: 우리 반에서는 두 명 중에 한 명**꼴로** 부모님과 세대 차이를 느낀다고 하는데 흐엉 씨는 어떠세요?

나: 저는 옷차림에서 부모님과 세대 차이를 느껴요. 우리 부모님은 상당히 개방적이시지만 제 옷차림에 대해서는 아주 보수적이세요. 제 부모님은 제가 너무 화려하게 옷을 입는 걸 반대하세요.

가: 흐엉 씨는 어떻게 옷을 입으시나요?

나: 전 화려하고 개성적인 디자인을 좋아해요.

가: 이러한 차이 때문에 어떤 점이 불편한가요?

나: 전 그날 제가 입고 싶은 옷을 입지 않으면 나가고 싶지 않아요. 부모님께서 제 옷차림을 반대하시니 어떻게 해야 할지 모르겠어요. 옷차림은 개인의 자유 아닌가요? 어떻게 하면 부모님과의 생각의 차이를 줄일 수 있을까요?

3) 친구의 고민을 듣고 세대 차이를 좁히는 방법에 대해서 보기 와 같이 말해 봅시다.

보기

가: 부모님이 원하시는 옷차림대로 하루만 입어 보면 어떨까요? 그때 느껴지는 것들을 부모님과 솔직하게 이야기해 보세요.

나: 하루 동안이요? 예쁘다고 하시면서 계속 그렇게 입으라고 하실 것 같아요.

⋮

더 생각해 봅시다

남자와 여자는 생각하는 방법이 다를까요? 여러분은 어떻게 생각합니까?

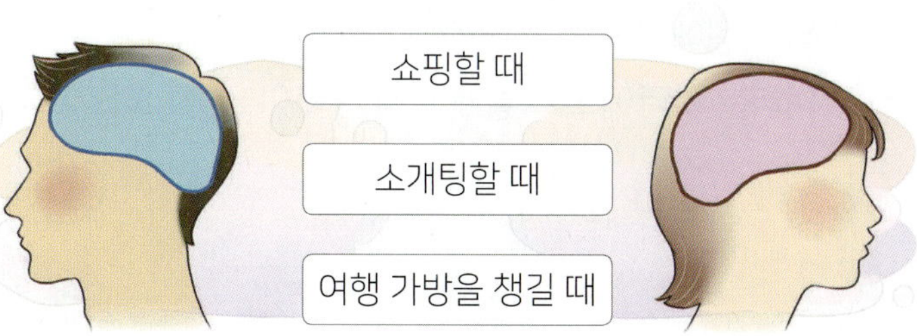

개방적 보수적 개성적

18과 변화하는 사회

2. 자전거 도로를 더 만들려나 봐요

• 학습목표: 도시 개발을 위한 기획하는 글을 쓸 수 있다.

Ⅰ. 준비해 봅시다

1980년대 → 2020년대

- 위 그림에서 도시가 어떻게 변화했습니까?
- 여러분 나라에도 이렇게 달라진 곳이 있습니까?

표현해 봅시다

1 도시 개발에 대해서 보기 와 같이 대화해 봅시다.

<table>
<tr><td>1) 환경 도시
</td><td>2) 교육 도시
</td></tr>
<tr><td>· 자전거 도로 만들기
· 자동차가 거의 없고 대부분 대중교통 이용
· 주민들이 적극적으로 참여</td><td>· 학교 건물 개선 공사
· 시설이 좋은 특징적인 학교들이 모여 있음
· 좋은 교육 프로그램과 교육 환경 만들기</td></tr>
<tr><td>3) 문화 도시
</td><td>4) 스마트 도시
</td></tr>
<tr><td>· 새 공연장 건축
· 편의 시설 및 문화 공간을 계속 늘리기
· 예술가들의 의견 반영하기</td><td>· 쓰레기통마다 스마트 센서 설치
· 과학기술을 이용하여 생활 환경 개선
· 과학기술 잘 활용하기</td></tr>
</table>

보기

가: 저기 보세요. 자전거 도로를 **만들려나 봐요.**

나: 그렇네요.

가: 이 곳은 자동차가 거의 없고 대부분 사람들이 대중교통을 이용한대요.

나: 그래서 환경 도시 **하면** 이 곳을 말하는군요.

가: 무엇보다도 도시 개발이 잘 되기 위해서는 주민들이 적극적으로 참여하는 것이 중요한 것 같아요.

개선 건축 반영하다 스마트 센서 설치

2 개발하고 싶은 도시의 모습에 대해서 써 봅시다.

1) 여러분의 고향은 어떤 모습입니까? 고향의 현재 모습과 기대하는 모습을 보기 와 같이 메모해 봅시다.

	보기	나
현재 모습	· 낡고 오래된 옛 건물이 많다.	·
현재 도시 개발의 문제점	· 낡은 건물들은 다 부순다.	·
기대하는 도시 개발의 방향	· 옛 건물의 특징을 살리면서 개선하기 · 편리하고 쾌적한 환경 만들기	· ·

2) 메모한 내용을 바탕으로 도시 개발을 기획하는 글을 보기 와 같이 써 봅시다.

기대·희망하기

- 쾌적한 환경으로 개발되면 좋겠다.
- 더 바랄 게 없겠다.

보기

주제	즐거운 도시! 문화 도시!
필요성	고향에서는 낡은 건물들은 끊임없이 부순다. 개선 공사를 하지 않고 더 높게 더 크게 만든다. 고향이 도시처럼 더 많은 사람들이 편리하게 이용할 수 있도록 하는 건 좋지만 옛 건물의 정취를 느낄 수 없다.
내용	· 옛 건물의 특징을 살리면서 개선 공사하기 · 벽을 그림으로 꾸며 관광지로 만들기 · 편리하고 쾌적한 산책길 만들기
기대하는 모습	사람들이 살기 편하면서도 쾌적한 환경으로 개발되면 좋겠다. 옛 문화의 특징을 살리면서 옛 건물, 공간을 개선 공사하여 꾸민다면 적은 비용으로도 가능할 것이다. 사람들이 꿈꾸는 문화 도시로 개발된다면 더 바랄 게 없겠다. 문화 **도시 하면** 내 고향을 떠올릴 수 있으면 좋겠다.

끊임없이 정취 쾌적하다 꾸미다 떠올리다

주제	
필요성	
내용	· · ·
기대하는 모습	

3) 친구의 글을 읽고 보기 와 같이 질문해 봅시다.

보기

✔ 다른 문화 도시와 어떤 차이점이 있습니까?
✔ 개발하기 위해서 무엇이 필요하겠습니까?
✔ ______________________________

더 생각해 봅시다

미래의 도시 모습은 어떨 것 같습니까? 미래의 도시에 대해 여러분의 생각을 말해 봅시다.

복습 17-18과

1 다음의 상황에 대해서 보기 와 같이 대화하십시오.

상황 1. 나는 사랑한다고 해서 꼭 결혼해야 한다고 생각하지는 않는다. 나는 6년째 사귀고 있는 여자 친구가 있는데 우리는 서로 사랑하지만 결혼할 생각이 없다. 그런데 부모님은 나를 볼 때마다 결혼하라고 잔소리를 하시지만 나는 제대로 듣지 않는다. 나는 지금의 자유로운 삶이 좋다. 부모님과 집안을 위해서 결혼할 생각은 없다.

보기

가: 여자 친구와 6년이나 사귀었으면 결혼하라는 이야기를 많이 **들었을 텐데** 결혼 안 하세요?

나: 저는 사랑한다고 해서 꼭 결혼해야 한다고 생각하지는 않아요. 저와 여자 친구는 서로 사랑하지만 우리 둘다 결혼할 생각은 없어요.

⋮

상황 2. 조사 결과에 따르면 요즘은 27% 정도의 사람들이 '혼자 산다.'고 대답했다고 한다. 혼자 사는 사람들이 많아져서 그런지 요즘은 다른 사람을 신경 쓰지 않고 당당하게 행동하는 사람들도 많아진 것 같다. 그런데 나는 타인의 시선을 많이 의식하는 편이다. 식당에서 혼자 밥을 먹을 때 다들 나만 쳐다보는 것 같아서 제대로 먹지 않고 급하게 나갈 때가 많다.

상황 3. 나는 돈이 생기면 좋아하는 공연을 보고 여행을 다닌다. 그런데 부모님은 나에게 지금 하고 싶은 일이 있더라도 참고 나중을 위해서 돈을 열심히 모아야 한다고 말씀하신다. 돈을 모으지 않고 이렇게 계속 쓰면 나중에 후회하게 될 거라고 말씀하신다. 한 설문조사에 따르면 35%의 사람들이 '미래보다 현재의 행복에 집중해야 한다고.'고 대답했다고 한다. 나는 불확실한 미래보다는 지금 현재를 즐기는 것이 후회하지 않는 삶이라고 생각한다.

2 동양과 서양의 사고방식의 차이에 대한 글을 요약하고 자신의 의견을 써 봅시다.

집안 당당하다 타인 작업 고대

동양은 집단주의적 사고방식을 가지고 있고 서양은 개인주의적 사고방식을 가지고 있다고 알려져 있다. 그런데 왜 이런 차이가 생긴 것일까? 그 이유 중의 하나는 경제 활동의 차이 때문이다. 동양 문화를 대표하는 고대 중국 문화와 서양 문화를 대표하는 그리스 문화를 비교하면 다음과 같다.

고대 중국 문화에서는 주로 농사일을 하면서 주변 사람들과 공동 작업을 하기 때문에 개인보다 '우리'가 중요하고 다른 사람들과 서로 돕고 서로 간의 조화를 강조하게 되었다. 그리고 농사를 오랫동안 지어 온 어른들이 농사에 필요한 지식과 경험을 가지고 있기 때문에 자연스럽게 어른을 존경하는 문화를 가지게 되었다. 반면에 그리스 문화에서는 다양한 도시 국가들이 서로 물건을 사고 팔면서 상대방을 설득하고 자신의 의견을 표현하는 것이 중요했다. 농사와 달리 다른 사람들의 도움 없이도 개인의 능력으로 경제 활동이 가능했기 때문에 집단보다는 개인이 중요하게 되었고 개인주의가 발달하게 되었다.

요약	
의견	

문화

품앗이의 전통

품앗이는 같은 마을에 사는 사람들끼리 힘든 일이 있을 때 서로 돕는 방법이다. 어린이부터 노인까지 마을 사람이 모두 참여했다. 어떤 집에 큰 일이 생기거나 일손이 많이 필요할 때 마을 사람들이 함께 그 집을 도왔다. 그리고 도움을 받은 그 사람은 또 다른 집에 일이 생겼을 때 도움을 주었다. 요즘은 다양한 경우에 품앗이를 한다. 예를 들어 김장 품앗이, 육아 품앗이, 교육 품앗이 등 혼자서 하기 힘든 일을 서로 도우면서 정을 나눈다. 품앗이는 서로의 재능과 시간을 나누면서 서로 돕는 공동생활의 아름다운 모습이라고 할 수 있다.

반면　설득하다

19과 나의 삶

1. 결정하고 나니까 마음이 가벼울 따름이야

• 학습목표: 선택에 따른 고민에 대해서 말할 수 있다.

I. 준비해 봅시다

- 이 사람은 무엇을 고민하고 있습니까?
- 위와 같은 경우에 여러분이라면 어떤 선택을 하겠습니까?

표현해 봅시다

1 자신의 선택에 대해서 보기 와 같이 친구와 대화해 봅시다.

	고민	선택	선택한 후의 기분
1)		유학은 혼자 힘으로 갈 수 있는 형편이 될 때 가도 될 것 같아서 가지 않을 것이다.	
2)		성격이 맞지 않는 건 노력한다고 바꿀 수 있는 문제가 아닌 것 같아서 헤어질 것이다.	
3)		경험을 쌓을 수 있는 좋은 기회라고 주위에서 권유해서 다녀 볼 것이다.	
4)		학비를 버는 것이 더 급한 문제인 것 같아서 여행을 가지 않을 것이다.	

보기

가 : 유학을 가려니까 부모님 도움을 받아야 해서 **망설여진다며** 고민하더니 어떻게 하기로 했어?

나 : 유학은 혼자 힘으로 갈 수 있는 형편이 될 때 가도 될 것 같아서 가지 않으려고 해.

가 : 후회하지 않겠어?

나 : 응. 고민이 많았는데 결정하고 나니까 마음이 **가벼울 따름이야.**

망설이다 형편 여건 주위 권유

2 나이에 따른 고민과 선택에 대해서 말해 봅시다.

1) 나이에 따라 생길 수 있는 고민은 무엇이 있을까요? 그런 고민이 있을 때 어떤 선택을 할까요? 메모해 봅시다.

나이	고민	선택할 때 고려할 사항	나의 선택
10대			
20대	· 적성에 맞는 일을 할까? · 돈을 더 벌 수 있는 일 할까?	·스트레스를 덜 받을 수 있는 일 ·일 해야 하는 기간	적성에 맞는 일을 한다.
30대			
40대			

2) 위에서 메모한 고민과 선택에 대해서 친구와 보기 와 같이 말해 봅시다.

감정 표현하기(고민)

- 적성에 맞는 일을 해야 할지 돈을 벌 수 있는 일을 해야 할지 고민이에요.
- 일이 너무 어려우면 오래 할 수 없을까 봐 걱정이에요.

고려하다 사항

보기

가: 민우 씨, 취업을 준비해야 **한다며** 회사를 알아보더니, 어떻게 됐어요?

나: 적성에 맞는 일을 해야 할지 돈을 더 벌 수 있는 일을 해야 할지 고민이에요.

가: 선택하기 전에 고려해야 할 것을 먼저 생각해 보세요.

나: 저는 스트레스를 많이 받는 편이어서 어느 쪽을 선택해야 스트레스를 덜 받을지 생각 중이에요. 그리고 적성에 맞아도 일이 너무 어려우면 오래 그 일을 할 수 없을까 봐 걱정이에요.

가: 네, 직업은 쉽게 바꿀 수 없으니까요. 우진 씨는 어떻게 하고 싶어요?

나: 오래 일을 하려면 적성에 맞는 일을 선택하는 것이 좋을 것 같은데, 신중하게 고민해 보려고요.

3) 친구의 고민을 듣고 여러분이라면 어떤 선택을 했을지 보기 와 같이 말해 봅시다.

보기

제가 민우 씨라면 돈을 더 벌 수 있는 일을 선택할 것 같아요. 저는 돈을 좀 벌어 놓은 후에 적성에 맞는 일을 해도 된다고 생각해요.

⋮

. 더 생각해 봅시다

지금까지 여러분이 한 선택 중에서 가장 잘 한 것은 무엇입니까? 또 가장 후회되는 것은 무엇입니까? 말해 봅시다.

신중하다

19과 나의 삶

2. 과연 제가 사람들에게 감동을 주는 곡을 쓸 수 있을까요?

• 학습목표: 직장에 지원하기 위한 자기소개서를 쓸 수 있다.

I. 준비해 봅시다

<10년 전>

<현재>

- 이 사람들의 현재 모습은 어떻습니까?
- 여러분의 현재 모습은 상상했던 것과 같은 모습입니까?

표현해 봅시다

1 미래의 모습에 대해서 보기 와 같이 친구와 대화해 봅시다.

	나의 꿈	꿈을 이루기 위한 방법
1)	 작곡가가 되어서 사람들에게 감동을 주는 곡을 쓰고 싶다.	떠오르는 멜로디가 있을 때마다 기록한다.
2)	 외교관이 되어서 한국에 대해 좋은 인상을 줘야지.	지금부터 외국어 실력을 쌓는다.
3)	 동물 훈련사가 되어서 강아지 훈련소를 운영하고 싶다.	틈틈이 훈련소에서 아르바이트를 한다.
4)	 농부가 되어서 최신식 장비를 갖춘 농장을 만들어야지.	관련된 자격증을 따고 필요한 기술을 배운다.

보기

가 : 민아 씨는 미래의 모습을 상상해 본 적이 있어요?

나 : 네, 저는 작곡가가 되는 것이 꿈이에요. 그래서 사람들에게 감동을 주는 곡을 쓰는 제 모습을 상상하곤 해요.

가 : 멋지네요. 민아 씨하고 잘 어울릴 것 같아요.

나 : 그런데 제가 준비를 잘 하고 있는지 모르겠어요. **과연** 제가 사람들에게 감동을 주는 곡을 쓸 수 **있을까요?**

가 : 떠오르는 멜로디가 있을 때마다 **기록해 가면서** 준비하면 좋을 것 같아요.

작곡가 훈련사 틈틈이 훈련소 최신식 장비 농장 따다

19-2

2 들어가고 싶은 직장에 지원하기 위한 자기소개서를 써 봅시다.

1) 직장에 들어간 후의 목표와 목표를 이루기 위해 해야 할 것을 보기 와 같이 메모해 봅시다.

	보기	나
하고 싶은 일	음악 치료사	
지원하고 싶은 곳	병원 내 심리 치료실	
입사 후의 목표	직접 만든 음악으로 치료하기	
이루는 시기	10년 후	
해야 할 것	· 경험을 쌓는다. · 작곡을 배운다. · 어떤 상황의 사람에게 어떤 음악이 좋은지 자료를 모은다.	

2) 위에서 메모한 내용이 포함된 자기소개서를 보기 와 같이 써 봅시다.

바람 표현하기

- 사람들에게 안정과 행복을 느끼게 해 주고 싶습니다.
- 제가 원하는 모습이 될 수 있을 거라고 생각합니다.

보기

안녕하십니까? 저는 미래 병원의 심리 치료실에 지원한 박현우라고 합니다. 저는 심리학을 전공했고 TV 다큐멘터리에서 음악 치료사를 인터뷰한 것을 보고 관심이 생겨서 대학원에 진학하여 음악 치료학을 공부했습니다.

입사 후 저의 목표는 제가 직접 만든 음악으로 치료를 하는 것입니다. 10년 후 쯤에는 치료를 받으러 오는 사람들의 상황과 증상에 맞는 음악을 직접 만들어서 사람들에게 안정과 행복을 느끼게 해 주고 싶습니다. 목표를 이루기 위해서 우선, 이곳 심리 치료실에서 일하면서 다양한 경험을 쌓겠습니다. 그리고 치료를 받으러 오는 사람들의 상황과 치료법, 사용한 음악 등을 자세히 **적어 가면서** 자료를 모을 것입니다. 마지막

치료사 심리 시기 작곡

으로 작곡을 배우고 틈틈이 곡을 만드는 연습도 하겠습니다. 이렇게 10년 쯤 노력하면 제가 원하는 모습이 될 수 있을 거라고 생각합니다.
저의 꿈을 미래 병원에서 펼칠 수 있도록 기회를 주신다면 최선을 다해 성장하는 모습을 보여드리겠습니다.

3) 친구의 자기소개서를 보고 잘 어울리는 일을 선택했는지 보기 와 같이 말해 봅시다.

보기

현우 씨는 평소에도 친구들의 말을 잘 들어주는 편이어서 좋은 심리 치료사가 될 수 있을 것 같습니다. 저도 현우 씨에게 고민을 말한 적이 있었는데 제가 좋은 선택을 할 수 있도록 도와 주었습니다.
⋮

더 생각해 봅시다

여러분은 과거, 현재, 미래 중에서 언제가 중요하다고 생각합니까? 그 이유는 무엇입니까? 말해 봅시다.

펼치다 성장하다

20과 한국의 명절

1. 깨끗한 몸과 마음으로 새해를 맞이하라고 새 옷을 사 줘요

• 학습목표: 한국의 설 문화에 대해서 말할 수 있다.

Ⅰ. 준비해 봅시다

- 위의 그림은 언제 볼 수 있는 풍경입니까?
- 여러분 나라의 설 풍경은 예전과 어떻게 달라졌습니까?

표현해 봅시다

1 새해를 맞이하는 세계 각국의 모습에 대해서 보기 와 같이 이야기해 봅시다.

		나라	의미	하는 일	이번 새해
1)	윤아	한국	"깨끗한 몸과 마음으로 새해를 맞이하세요."	부모님이 아이들에게 새 옷을 사 준다.	나는 사고 싶지만 지금은 많이 컸으니까 안 사도 된다.
2)	츠렌	태국	"나쁜 운은 나가고 행운이 들어오세요."	서로 물을 뿌린다.	나는 하고 싶지만 한국은 겨울이니까 힘들다.
3)	유키	일본	"복 많이 받으세요."	여러 의미를 가진 음식으로 만들어진 도시락을 먹는다.	나는 먹고 싶지만 한국에서는 살 수 없으니까 먹지 못 한다.
4)	리타오	중국	"한 해 동안 돈을 많이 버세요."	빨간색, 금색으로 만든 장식품을 집안 곳곳에 걸어 놓는다.	나는 하고 싶지만 지금 한국에 사니까 안 하려고 한다.

보기

가 : 윤아 씨 나라에서는 설날을 어떻게 보내요?

나 : 한국에서는 깨끗한 몸과 마음으로 새해를 **맞이하라고** 부모님이 아이들에게 새 옷을 사 줘요.

가 : 그렇군요. 이번 설날에도 새 옷을 살 거예요?

나 : **저야** 사고 싶지만 지금은 많이 컸으니까 안 사도 되지요.

각국 맞이하다 운 행운 장식품

2 한국의 설 문화에 대해서 말해 봅시다.

1) 다음의 그림을 보고 한국의 설날 풍습에 대해서 말해 봅시다.

진행자: 한국의 설 풍습 중에 부러운 것은 무엇입니까?

진행자: 한국의 설 풍습 중에서 이해가 되지 않는 것은 무엇입니까?

2) 다음은 한국의 설 문화에 대한 TV 프로그램입니다. 진행자, 출연자가 되어서 한국의 설 문화에 대해서 보기 와 같이 말해 봅시다.

의견 묻기

- 프랑스의 설날 모습에 대해서 구체적으로 말씀해 주시겠습니까?
- 한국과 어떻게 다른지 말씀해 주시겠습니까?

보기

진행자 : 안녕하십니까? 오늘은 한국에서 살고 있는 외국인들을 모셔서 한국의 설 문화에 대해서 이야기를 들어보도록 하겠습니다. 대만에서 오신 우정 씨, 프랑스에서 오신 로빈 씨, 일본에서 오신 유키 씨께서 나와 주셨습니다. 우선 한국의 설 풍습 중 부러운 것에 대해서 이야기해 보도록 하겠습니다.

덕담 진행자

로 빈: 설날에 가족들이 한자리에 모이는 한국 풍습은 참 좋은 것 같습니다. 프랑스의 새해 1월 1일은 그냥 휴일 중에서 하루일 뿐입니다.

진행자: 그렇습니까? 프랑스의 설날 모습에 대해서 구체적으로 말씀해 주시겠습니까?

로 빈: 프랑스는 1월 1일 0시가 되면 모든 사람들이 서로 껴안고 새해 인사를 나눕니다. 한국처럼 따로 친척집을 방문하지 않습니다.

진행자: 일본은 어떻습니까? 한국과 어떻게 다른지 말씀해 주시겠습니까?

유 키: 일본도 프랑스와 마찬가지로 설날에 가족이 잘 모이지는 않아요. 설 연휴를 어떻게 보낼 것인가는 개인적으로 결정합니다. 대부분 여행을 떠납니다.

우 정: 대만은 설날보다 설 전날인 음력 12월 31일이 더 중요합니다. 그 날 저녁에는 가족들이 모두 모여 식사를 하지요. 그리고 부엌 귀신에게 하늘에 가서 신한테 이야기를 **잘 해달라고** '바이바이'라고 하는 제사를 지냅니다.

⋮

3) 한국의 설 문화 중 유지될 풍습과 없어질 것 같은 풍습은 무엇입니까? 보기 와 같이 말해 봅시다.

보기

제 생각에는 설날에 떡국을 먹는 풍습은 남아 있을 것 같지만 가족이 다 함께 모이는 모습은 점점 보기 힘들 것 같습니다. 사람들이 점점 개인적으로 행동하고 있고 설을 명절이라고 생각하기보다는 긴 휴식 시간으로 생각하는 사람도 있기 때문입니다.

⋮

더 생각해 봅시다

명절에 듣기 싫은 말은 무엇일까요? 말해 봅시다.

대학생, 취업 준비생	직장인
1. 좋은 회사에 취직해야지.	1. 언제 결혼할 거니?
2. 졸업 후에 뭐 할 거니?	2. 그 회사 연봉은 어떻게 되니?
3. ________	3. ________

껴안다 마찬가지 제사

20과 한국의 명절

2. 집안 청소하랴 음식 준비하랴 쉴 틈이 없어요

• 학습목표: 추석과 다른 나라의 명절을 비교해서 쓸 수 있다.

Ⅰ. 준비해 봅시다

- 위의 조사 결과를 보고 사람들이 추석 연휴를 좋아하는 이유를 이야기해 봅시다.
- 여러분 나라에도 추석과 비슷한 명절이 있습니까? 그 날 어떤 인사말을 주고받습니까?

표현해 봅시다

1 한국의 추석을 맞이하는 모습에 대해서 보기 와 같이 이야기해 봅시다.

	할 일		준비해야 하는 이유	주의해야 할 점
1)	 집안을 청소한다.	 많은 양의 음식을 준비한다.	가족들이 다 모인다.	음식이 상할 수 있으니까 음식 보관을 잘 한다.
2)	 차례 상을 차린다.	 성묘한다 .	조상의 산소를 살펴보고 와야 한다.	성묘하러 갈 때 벌레에 물릴 수 있으니까 조심한다.
3)	 부모님께 드릴 선물을 준비한다.	 다른 사람에게 줄 선물을준비한다.	한국은 추석 때 선물을 주고받는다.	선물을 받는 상대방이 부담이 될 수 있으니까 비싼 물건은 하지 않는다.
4)	 장을 본다.	 기차표를 예매한다.	미리 예매하지 않으면 자리가 없다.	예매를 한 후에 예매가 취소될 수 있으니까 결제까지 끝낸다.

보기

가 : 이제 곧 추석이 다가오네요. 제가 한국에 와서 처음 맞는 추석인데 한국 추석은 어때요?

나 : 추석 전날에는 **집안 청소하랴 많은 양의 음식 준비하랴** 쉴 틈이 없어요.

가 : 그래요? 음식을 많이 준비해야 해요?

나 : 네, 가족들이 다 모이니까 꽤 많이 해야 해요. 그런데 명절 음식은 많은 양을 미리 하니까 음식이 **상하지 않게** 음식 보관을 잘 해야 해요.

가 : 그렇군요. 이번 추석은 제게 첫 추석이어서 그런지 기대가 되는군요.

차례 상　차리다　성묘　산소

2 원고지 작성법에 맞게 추석에 대해서 써 봅시다.

1) 다음은 원고지 쓰는 법입니다. 보기 와 같이 아래 글을 같이 써 봅시다.

보기

한 칸을 비우고 시작함.

영어 대문자 한 자는 한 칸, 소문자는 두 자씩 한 칸에 씀.

숫자는 한 칸에 두 자씩 씀.

	추	석	(	C	hu	se	ok	)	은		음	력		8	월		15	일	입
니	다	.	이		날	에	는		전		국	민		75	%	가		고	향
을		방	문	합	니	다	.	그	래	서		전	국	의		고	속	도	로
가		막	히	고		기	차	표	가		매	진	되	는		모	습	을	
볼		수		있	는	데	,	이	를		흔	히		민	족		대	이	동
이	라	고		부	릅	니	다	.	추	석	에	는		가	족	,	친	지	분
들	에	게	"	넉	넉	한		한	가	위		되	세	요	."	라	는		인
사	말	로		감	사	의		마	음	을		전	합	니	다	.			

쉼표, 마침표는 다음 칸을 비우지 않음.

마침표, 따옴표는 한 칸에 씀.

추석은 일 년 중에 가장 큰 명절입니다. 추석 때가 되면 농사일도 거의 끝나서 여유롭고 새로 나온 과일과 쌀이 많이 나오기 때문에 추석 무렵에는 모두 흥겹게 놉니다. 그래서 '더도 말고 덜도 말고 늘 한가위만 같아라.'라는 말도 생겼습니다. 한국의 추석과 비슷한 명절로 미국의 '추수감사절(Thanksgiving Day)'이 있습니다. 미국의 추수감사절은 11월 넷째 주 목요일입니다.

원고지 작성법 흔히 민족 이동 무렵 흥겹다 한가위 추수감사절

2) 원고지 작성법에 맞게 한국의 추석과 여러분 나라 명절을 비교해서 써 봅시다.

비교하기

- 한국은 음력 8월 15일인데 일본은 양력 8월 15일이다.
- 한국의 추석과 비슷하게 차례 상을 차리고 성묘를 한다.

일본		한국	
오봉	이름	추석	
양력 8월 15일	날짜	음력 8월 15일	
차례 상 차리기 성묘하기	하는 일	차례 상 차리기 성묘하기	
채소로 만든 음식	음식	송편	
봉오도리	놀이	달맞이, 강강술래 등	

송편　달맞이

나라마다 이름과 시기는 다르지만 1년간 농사를 지은 곡식과 과일을 거두는 가을을 맞이하여 신과 자연에 감사하는 마음은 다르지 않다. 한국에 추석이 있다면 일본에는 오봉이 있다. 추석은 음력 8월 15일인데 오봉은 양력 8월 15일이다. 일본의 추석은 한국의 추석과 비슷하게 고향에 내려가 새로 나온 쌀과 과일로 차례 상을 차리고 성묘를 한다.

3) 친구의 발표를 듣고 궁금한 점을 질문해 봅시다.

가 : 유카 씨 나라에서는 '봉오도리'라는 놀이를 아직도 해요?
나 : 네, 아직도 하고 있는데 예전보다 오락성이 많이 강해진 것 같아요.
⋮

. 더 생각해 봅시다

여러분 나라의 명절 중 옛날에는 중요했지만 최근에 점점 명절의 의미를 잃어가고 있는 명절은 무엇입니까? 말해 봅시다.

오락성

복습 19-20과

1 다음의 상황에 대해서 보기 와 같이 대화하십시오.

상황 1 : 해마다 1월 1일이 되면 한 해의 계획을 세운다. 올해는 졸업하자마자 취직하는 것이 나의 목표이다. 나는 도시 공학을 전공했는데, 전공을 살려서 일할 수 있는 곳에 취직하고 싶다. 어떤 회사가 있는지도 알아보고 취직하기 위해 필요한 것을 준비해야 해서 바쁜 일 년을 보낼 것 같다.

보기

가 : 올해에는 어떤 계획을 세웠어요?
나 : 일 년 동안 잘 준비해서 졸업하자마자 취직하는 것이 제 목표인데, 과연 제가 그렇게 할 수 있을까요?

⋮

상황 2 : 이번 추석 연휴가 길어서 고향에 가지 않고 해외여행을 가려고 한다. 전에는 설날과 추석에 가족들이 모이는 것을 당연하게 생각했는데 요즘에는 명절에도 가족들과 시간을 보내지 않는 사람들이 많아지고 있다. 친구들도 혼자 시간을 보내거나 여행을 간다. 점점 명절이 그 의미를 잃어가고 있는 것 같다.

상황 3 : 이번 크리스마스에 여자 친구와 스키장에 가기로 약속을 했다. 그런데 부모님이 크리스마스 연휴에 오랜만에 가족 여행을 가자고 하신다. 여자 친구와 약속이 있다고 하면 부모님이 섭섭해하실 것 같고, 그렇다고 여자 친구와의 약속을 안 지킬 수도 없고 해서 어떤 선택을 해야 할지 고민이다.

2 10년 후 설날에 열어 볼 타임캡슐에 편지를 넣겠습니다. 미래의 나에게 그 때의 내 모습을 칭찬하는 편지를 써 봅시다.

도시 공학　타임캡슐

	10년 후의 내 모습	칭찬하고 싶은 것
보기	·음악 치료사가 되었다. ·일 년에 한 번 해외여행을 간다.	·꿈을 포기하지 않았다. ·직접 만든 음악으로 치료를 한다. ·스트레스를 잘 풀면서 살고 있다.
나		

연습하기

문화

한복

한복은 한국의 전통 옷이다. 한복은 남녀, 사회적 지위, 계절 등에 따라 모양이 다르다. 남자 한복의 기본은 바지와 저고리이고 여자 한복의 기본은 치마와 저고리이다. 외출할 때는 계절에 관계없이 두루마기를 입었다. 한복은 선이 아름답고 자연 재료로 염색을 해서 색의 조화도 뛰어나다. 또한 바닥에 앉을 때에도 불편하지 않도록 만들어졌다. 한복은 시대에 따라 모양이 조금씩 바뀌고 종류도 다양해졌지만 기본적인 전통은 지금까지 계속 이어지고 있다.

부록

모범 답안
색인

모범 답안

11 현대인과 도시생활

11과-1

2)
가: 해야 할 일이 많을 때 어떻게 해요?
나: 중요한 순서대로 한다든가 덜 중요한 일을 다른 사람에게 부탁한다든가 해요.
가: 저는 일이 많아도 혼자 다 해결하려고 해요.
나: 그럼 시간이 너무 오래 걸리잖아요.
가: 맞아요. 시간을 잘 사용하는 사람이 성공한다니까 저도 이제 덜 중요한 일은 다른 사람에게 부탁해야겠어요.

3)
가: 취미 생활을 즐길 여유가 없을 때 어떻게 해요?
나: 아침 시간을 이용한다든가 일정을 조정해서 시간을 낸다든가 해요.
가: 저는 바쁠 때는 취미 생활을 전혀 못 해요.
나: 그럼 스트레스가 풀리지 않잖아요.
가: 맞아요. 시간을 잘 사용하는 사람이 성공한다니까 저도 이제 아침 시간을 이용해서 취미 생활을 해야겠어요.

4)
가: 갑자기 시간이 많이 생겼을 때 어떻게 해요?
나: 좋아하는 일을 하나씩 한다든가 읽고 싶었던 책을 읽는다든가 해요.
가: 저는 시간이 생기면 집에서 아무것도 안 하고 누워 있어요.
나: 그럼 시간을 낭비하게 되잖아요.
가: 맞아요. 시간을 잘 사용하는 사람이 성공한다니까 저도 이제부터는 시간이 나면 좋아하는 일을 하나씩 해야겠어요.

11과-2

2)
가: 흙을 사 가지고 가시더니 뭘 하셨어요?
나: 마당에 작은 밭을 만들어서 상추를 심었어요.
가: 상추가 잘 자라요?
나: 네. 요즘은 언니가 저희 집에 왔다 하면 상추부터 달라고 해요.

3)
가: 연세 부동산에 가시더니 마음에 드는 집을 찾았어요?
나: 네, 나무가 많은 곳을 걸으면 스트레스가 풀려서 자주 가는 공원 근처로 가려고 해요.
가: 공원에 가주 가세요?
나: 네. 스트레스를 받았다 하면 공원에 가서 한 시간 정도 걸어요.

4)
가: 토마토 씨를 사시더니 어디에 심으셨어요?
나: 회사 옥상 정원에 심었어요.
가: 토마토가 열렸어요?
나: 네. 그런데 토마토가 열렸다 하면 사람들이 따 먹어서 아직 맛도 못 봤어요.

12 문화의 이해

12과-1

2)
가: 영수야, 어떡해?
나: 왜 그래? 무슨 일 있어?
가: 친구가 아는 사람을 소개해 줬는데 나보다 어려 보여서 그냥 반말을 했거든. 그런데 표정이 안 좋더라고.
나: 야, 아무리 어려 보인다고 해도 처음 보는 사람한테 반말하면 안 되지.
가: 그러게 말야. 존댓말을 쓸걸 그랬어. 기분이 많이 상했을 텐데……

3)
가: 영수야, 어떡해?
나: 왜 그래? 무슨 일 있어?
가: 가게에 여자 손님이 들어왔는데 친절하고 다정한 느낌을 주고 싶어서 손님에게 '언니'라고 했거든. 그런데 표정이 안 좋더라고.
나: 야, 아무리 친절하고 다정한 느낌을 주고 싶었다고 해도 손님한테 '언니'라고 하면 안 되지
가: 그러게 말야. '언니'라고 부르지 말걸 그랬어. 기분이 많이 상했을 텐데……

4)
가: 영수야, 어떡해?
나: 왜 그래? 무슨 일 있어?
가: 평소 아끼는 후배 직원이 있는데 회사에서 그 직원이 실수를 해서 나도 모르게 '야'라고 했거든. 그런데 표정이 안 좋더라고.
나: 야, 아무리 실수를 했다고 해도 직원한테 '야' 라고 하면 안 되지.
가: 그러게 말야. '야'라고 하지 말걸그랬어. 기분이 많이 상했을텐데……

12과-2

2)
가: 리에 씨, 지난 주말에 어학당 친구들과 함께 한국 식당에 갔다 왔어요.
나: 가 보니까 어땠어요?
가: 다들 상추 위에 고기, 김치 등 여러 가지 음식을 올려 놓고 싸 먹더라고요. 그래서 저도 한 번 해 봤어요. 거기에서 찍은 동영상이에요.
나: 하하~ 처음 한 것치고 고기를 잘 쌌는데요.
가: 아, 그런데 사람들이 마치 종이를 자르는 것처럼 삼겹살을 가위로 잘라서 깜짝 놀랐어요.

3)
가: 리에 씨, 지난 주말에 어학당 친구들과 함께 홍대에 갔다 왔어요.
나: 가 보니까 어땠어요?
가: 화장을 한 남자들이 많이 보이더라고요. 그래서 저도 한 번 해 봤어요. 거기에서 찍은 동영상이에요.
나: 하하~ 처음 한 것치고 화장을 잘 했는데요.
가: 아, 그런데 겨울에 여자들이 마치 한여름인 것처럼 짧은 치마를 입은 사람이 많아서 깜짝 놀랐어요.

4)
가: 리에 씨, 지난 주말에 어학당 친구들과 함께 한강에 갔다 왔어요.
나: 가 보니까 어땠어요?
가: 다들 한강에서 치킨을 배달해 먹더라고요. 그래서 저도 한 번 해 봤어요. 거기에서 찍은 동영상이에요.

나: 하하~ 처음 한 것치고 한국말로 주문을 잘 했는데요.
가: 아, 그런데 야외에서 주문했는데 마치 집에서 주문한 것처럼 정확한 위치로 배달해 주어서 깜짝 놀랐어요.

복습 11과-12과

우리 반 학생을 대상으로 몇 시에 회의 장소에 가겠냐는 질문에 스위스 학생은 5분 전에 도착할 것이라고 했다. 그 이유로는 북유럽 사람들은 시간을 돈처럼 생각하고 중요한 것을 가능한 빨리 하려고 하기 때문이라고 한다. 일본 학생의 경우는 마치 약속이라도 한 것처럼 2시 정각에 올 거라고 했다. 다른 사람들에게 피해를 주지 않기 위해서라고 말했다. 개인의 차이일 수도 있겠지만 시간이나 약속에 대한 생각은 나라마다 조금 다른 것을 알 수 있었다.

13 여행과 발견

13과-1

2)
가: 방학 때 여행 좀 하셨어요?
나: 네, 춘천에 갔다 왔어요. 춘천에서 콘서트를 했는데 콘서트를 보러 간 김에 춘천 여기저기를 구경했어요.
가: 춘천에 며칠 계셨어요?
나: 1박 2일 있었어요. 시간이 많지 않아서 남이섬하고 소양강만 구경했는데 참 좋던데요.
가: 날씨는 어땠어요?
나: 제가 열흘 전에 갔는데 그때만 해도 날씨가 춥지 않고 좋았어요. 오늘 일기예보를 보니까 요즘 아침, 저녁 일교차가 크고 쌀쌀하다고 하던데요. 그때 잘 갔다 온 것 같아요.

3)
가: 방학 때 여행 좀 하셨어요?
나: 네, 뉴욕에 갔다 왔어요. 뉴욕에 사는 친구가 결혼을 했는데 결혼식에 참석하러 간 김에 뉴욕 여기저기를 구경했어요.
가: 뉴욕에 며칠 계셨어요?
나: 1박 2일 있었어요. 시간이 많지 않아서 자유의 여신상하고 센트럴파크만 구경했는데 참 좋던데요.
가: 날씨는 어땠어요?
나: 제가 보름 전에 갔는데 그때만 해도 날씨가 좋았어요. 오늘 일기예보를 보니까 요즘 춥고 눈이 많이 온다고 하던데요. 그때 잘 갔다 온 것 같아요.

4)
가: 방학 때 여행 좀 하셨어요?
나: 네, 싱가포르에 갔다 왔어요. 싱가포르에서 세미나를 했는데 발표를 하러 간 김에 싱가포르 여기저기를 구경했어요.
가: 싱가포르에 며칠 계셨어요?
나: 1박 2일 있었어요. 시간이 많지 않아서 마리나베이하고 센토사섬만 구경했는데 참 좋던데요.
가: 날씨는 어땠어요?
나: 제가 한 달 전에 갔는데 그때만 해도 날씨가 맑고 화창했어요. 오늘 일기예보를 보니까 요즘 날마다 비가 온다고 하던데요. 그때 잘 갔다 온 것 같아요.

13과-2

2)
가: 며칠 전에는 힘들어 보였는데 얼굴이 좋아 보여요.
나: 네, 혼자 여행을 다녀왔는데 재충전이 된 것 같아요.
가: 혼자요? 저는 혼자 여행은 안 해 봤어요.
나: 그래요? 저는 가끔 혼자 여행을 떠나요. 이렇게 매일 무리해서 일만 하다가는 병이 날 것 같아서 혼자 여행을 갔다가 왔어요. 절에서 명상하면서 쉬니까 지친 몸과 마음이 재충전 되더라고요.
가: 그랬군요. 잘하셨어요. 바쁠 때일수록 나 자신을 돌아보는 여유를 가져야 일도 더 잘 되게 마련이에요.

3)
가: 며칠 전에는 힘들어 보였는데 얼굴이 좋아 보여요.
나: 네, 혼자 여행을 다녀왔는데 재충전이 된 것 같아요.
가: 혼자요? 저는 혼자 여행은 안 해 봤어요.
나: 그래요? 저는 가끔 혼자 여행을 떠나요. 이렇게 진로 때문에 고민만 하다가는 스트레스만 더 쌓일 것 같아서 혼자 여행을 갔다가 왔어요. 동해 바다에 가서 해돋이를 보니까 새로운 나를 발견할 수 있게 되더라고요.
가: 그랬군요. 잘하셨어요. 일이 잘 안 풀릴 때는 일단 쉬어야 문제가 해결되게 마련이에요.

4)
가: 며칠 전에는 힘들어 보였는데 얼굴이 좋아 보여요.
나: 네, 혼자 여행을 다녀왔는데 재충전이 된 것 같아요.
가: 혼자요? 저는 혼자 여행은 안 해 봤어요.
나: 그래요? 저는 가끔 혼자 여행을 떠나요. 이렇게 연애 실패 후에 술만 마시다가는 건강이 나빠질 것 같아서 혼자 여행을 갔다가 왔어요. 지리산 둘레길을 걸으니까 복잡한 마음이 정리되더라고요.
가: 그랬군요. 잘하셨어요. 마음이 복잡할 때는 잠시 쉬면서 여유를 가져야 문제가 해결되게 마련이에요.

14 대중문화

14과-1

2)
가: 어제 그거 봤어요?
나: 뭘요?
가: 라디오 방송 외국인 한국 노래 대회에서 친구가 우승했어요.
나: 친구가 우승했다고요?
가: 네, 그 친구가 한국의 전통 노래를 잘 불렀어요.
나: 제가 한국 노래를 좀 잘 불렀더라면 저도 대회에 참가했을 텐데요.

3)
가: 어제 그거 봤어요?
나: 뭘요?
가: 가요 프로그램에 제가 좋아하는 가수가 나왔어요.
나: 좋아하는 가수가 나왔다고요?
가: 네, 해외 공연을 끝내고 한국에서 활동을 시작했대요.
나: 제가 일찍 알았더라면 방송국에 가서 직접 봤을 텐데요.

4)
가: 어제 그거 봤어요?
나: 뭘요?
가: 홈쇼핑에서 홍삼을 아주 싸게 팔았어요.
나: 싸게 팔았다고요?

가: 네, 10만원이 안 되는 가격으로 팔았어요.
나: 저도 그 홈쇼핑을 봤더라면 비싸게 사지 않았을 텐데요.

14과-2

2)
가: 1인 방송을 즐겨 보시네요.
나: 네, 요즘 화장에 관한 모든 것을 알려 주는 1인 방송이 인기를 끌고 있어요.
가: 그래요? 어떤 정보를 알려 줘요?
나: 다양한 화장품을 직접 써 보면서 화장하는 방법을 알려 주니까 한 번 보세요.
가: 그렇군요, 예뻐질 수 있다면야 밤을 새워서라도 봐야지요!

3)
가: 1인 방송을 즐겨 보시네요.
나: 네, 요즘 게임에 관한 모든 것을 알려 주는 1인 방송이 인기를 끌고 있어요.
가: 그래요? 어떤 정보를 알려 줘요?
나: 새로 나온 게임의 기술을 자세히 알려 주니까 한 번 보세요.
가: 그렇군요, 게임을 잘할 수 있다면야 밤을 새워서라도 봐야지요!

4)
가: 1인 방송을 즐겨 보시네요.
나: 네, 요즘 다이어트 운동에 관한 모든 것을 알려 주는 1인 방송이 인기를 끌고 있어요.
가: 그래요? 어떤 정보를 알려 줘요?
나: 집에서 간단하게 할 수 있는 운동 방법과 그 효과를 알려 주니까 한 번 보세요.
가: 그렇군요, 살을 뺄 수 있다면야 밤을 새워서라도 봐야지요!

복습 13과-14과

저는 일본 도쿄에 살고 있는 유키입니다. 저희 집은 도쿄에서도 조용한 동네에 있어요. 교통편이 좋아서 유명한 쇼핑거리와 관광지로 편하게 갈 수 있어요. 주변에 초밥 맛집도 많고요. 저희 집에 오시면 제가 동네 맛집에 관한 모든 정보를 다 알려 드릴 수 있어요. 그리고 며칠 동안 묵을 때 필요한 물건들이 잘 갖춰져 있어요. 에어컨뿐만 아니라 침대, 책상, 세탁기도 쓸 수 있고요. 함께 살던 친구가 잠만 자던 방이어서 아주 깨끗해요. 언제든지 편하게 도쿄에 놀러오세요. 도쿄에서 만나요~!

15 여가 생활

15과-1

2)
가: 우진 씨는 여가를 어떻게 보내요?
나: 저는 캠핑을 다녀요.
가: 캠핑을 갈 때 필요한 것을 다 샀어요?
나: 필요한 것을 하나하나 다 준비해 가는 사람이 있는가 하면 저처럼 다 준비되어 있는 곳에 몸만 가는 사람도 있어요.
가: 캠핑 용품을 사다 보면 돈이 너무 많이 들 것 같아요. 배보다 배꼽이 크다는 말이 있잖아요.

3)
가: 우진 씨는 여가를 어떻게 보내요?
나: 요가를 배우고 있어요.
가: 잘 따라해요?
나: 학원에 열심히 와서 잘 따라하는 사람이 있는가 하면 저처럼 많이 빠져서 잘 못하는 사람도 있어요.
가: 많이 빠지니까 못 하지요. 열심히 가면 잘 할 수 있을 거예요. 콩 심은 데 콩 나고 팥 심은 데 팥 난다는 말이 있잖아요.

4)
가: 우진 씨는 여가를 어떻게 보내요?
나: 저는 사진 동호회에 들었어요.
가: 동호회 활동을 열심히 해요?
나: 사진을 좋아해서 열심히 활동을 하는 사람이 있는가 하면 저처럼 그냥 시간을 보내러 오는 사람들도 있어요.
가: 저는 요즘 일이 바빠서 여가 생활은 꿈도 못 꿔요. 그림의 떡이라는 말이 있잖아요.

15과-2

2)
가: 영인 씨가 요즘 춤을 배우러 다닌다지요?
나: 네. 한 삼 개월 쯤 됐대요.
가: 저도 관심이 있는데 돈이 많이 들지 않을까요?
나: 주민 센터에서 일반 학원보다 싸게 배우고 있나 봐요.
가: 싸게 배울 수 있다니까 저도 주민 센터에 가 보든지 구청에 가 보든지 해야겠어요.

3)
가: 영인 씨가 요즘 바리스타 과정을 공부하고 있다지요?
나: 네. 지난달부터 학원에 다녔대요.
가: 저도 관심이 있는데 돈이 많이 들지 않을까요?
나: 돈이 좀 들지만 나중에 바리스타가 되면 돈을 벌 수 있으니까 괜찮다고 생각하나 봐요.
가: 나중에 돈을 벌 수 있다니까 저도 학원에 다니든지 우리 대학 평생 교육원을 알아보든지 해야겠어요.

4)
가: 영인 씨가 요즘 실내 암벽 등반을 열심히 한다지요?
나: 네. 얼마 전에 시작했대요.
가: 저도 관심이 있는데 돈이 많이 들지 않을까요?
나: 앱을 이용해서 일 회 이용권을 사면 부담스럽지 않게 즐길 수 있나 봐요.
가: 부담스럽지 않게 즐길 수 있다니까 저도 앱을 이용하든지 스포츠센터를 찾아보든지 해야겠어요.

16 생활 속의 환경

16과-1

2)
가: 어제 책을 정리했어요? 이렇게 책이 쌓여 있게요.
나: 아, 이거요? 연필꽂이를 만들어 보려고 모아 놓았어요.
가: 연필꽂이를 만들다니요?
나: 어제 전시회에 다녀왔는데 책을 이용해서 만든 연필꽂이를 봤거든요.
가: 아, 그래요? 책을 이용해서 만든 연필꽂이는 어떻던가요?
나: 특이하던데요.

3)
가: 집안의 전구를 다 바꿔요? 이렇게 전구가 많이 놓여 있게요.

나: 아, 이거요? 화분을 만들어 보려고 모아 놓았어요.
가: 화분을 만들다니요?
나: 어제 전시회에 다녀왔는데 전구를 이용해서 만든 화분을 봤거든요.
가: 아, 그래요? 전구를 이용해서 만든 화분은 어떻던가요?
나: 전구로 만든 것 같지 않던데요.

4)
가: 과자를 좋아해요? 이렇게 빈 과자 봉지가 많이 있게요.
나: 아, 이거요? 지갑을 만들어 보려고 모아 놓았어요.
가: 지갑을 만들다니요?
나: 어제 전시회에 다녀왔는데 빈 과자 봉지를 이용해서 만든 지갑을 봤거든요.
가: 아, 그래요? 빈 과자 봉지를 이용해서 만든 지갑은 어떻던가요?
나: 새롭던데요.

16과-2

2)
가: 영수 씨, 일회용 종이컵이 썩으려면 20년 이상 걸린대요. 쓰는 시간은 짧은데 썩는 시간은 꽤 기네요.
나: 아, 그래요? 일회용 종이컵 썩는 기간이 그렇게 오래 걸리는 줄 몰랐어요.
가: 글쎄 말이에요. 지금까지 일회용 종이컵을 한 번 쓰고 버렸는데 반성 좀 해야겠어요.
나: 제 친구도 그 기사를 보더니 일회용 종이컵을 쓰지 않고 개인 컵을 가지고 다니던데요.
가: 처음에는 좀 불편하겠지만 저도 오늘부터 개인 컵을 가지고 다니도록 해야겠어요.

3)
가: 영수 씨, 칫솔이 썩으려면 100년 이상 걸린대요. 쓰는 시간은 짧은데 썩는 시간은 꽤 기네요.
나: 아, 그래요? 칫솔 썩는 기간이 그렇게 오래 걸리는 줄 몰랐어요.
가: 글쎄 말이에요. 지금까지 칫솔을 쓰고 바로 버렸는데 반성 좀 해야겠어요.
나: 제 친구도 그 기사를 보더니 쓰던 칫솔을 바로 버리지 않고 욕실 청소할 때 사용하던데요.
가: 처음에는 좀 불편하겠지만 저도 오늘부터 칫솔을 다른 곳에 활용하도록 해야겠어요.

4)
가: 영수 씨, 플라스틱 빨대가 썩으려면 500년 이상 걸린대요. 쓰는 시간은 짧은데 썩는 시간은 꽤 기네요.
나: 아, 그래요? 플라스틱 빨대 썩는 기간이 그렇게 오래 걸리는 줄 몰랐어요.
가: 글쎄 말이에요. 지금까지 빨대를 자주 사용했는데 반성 좀 해야겠어요.
나: 제 친구도 그 기사를 보더니 플라스틱 빨대를 사용하지 않던데요.
가: 처음에는 좀 불편하겠지만 저도 오늘부터 빨대를 사용하지 않도록 해야겠어요.

복습 15과-16과

요즘 같은 겨울에는 피부가 건조해져서 고민인 분들이 많으시지요? 하지만 바쁘다는 이유로 관리를 하지 못하고 계신가요? 퇴근 후 잠깐 시간을 내서 내 피부에 맞는 비누를 직접 만들어 보는 건 어떨까요? 여드름, 가려움, 건조한 피부 등 피부 상태에 맞는 비누를 만들어 보세요. 천연 재료를 사용하기 때문에 피부에 자극적이지 않고 물도 덜 오염시켜서 환경도 지킬 수 있습니다. 피부 상태에 맞는 재료를 고르고 좋아하는 색과 향을 선택한 후 저를 따라 만드시면 됩니다. 누구나 따라할 수 있게 천천히 가르쳐 드리도록 하겠습니다. 시간은 두 시간 정도 걸리고 한 번에 다섯 개의 비누를 만들어서 가져가실 수 있습니다. 부담스럽지 않은 선물로도 좋으니까 많이 신청해 주세요.

17 개인과 공동체

17과-1

2)
가: 요즘 사람들은 개인주의적인 것 같아요.
나: 왜 그렇게 생각하세요?
가: 어제 회사에서 휴가 중인 동료에게 급한 업무가 생겼는데 아무도 하려고 하지 않았어요.
나: 급한 일이라는 걸 알았을 텐데 그랬단 말이에요?
가: 네, 그리고 상사가 그 업무를 누가 대신하겠냐고 물었는데 각자 자기 일만 하고 듣는 둥 마는 둥 하더라고요.
나: 요즘 사람들은 남에게 피해를 주거나 받는 행동을 싫어하는 것 같아요.

3)
가: 요즘 사람들은 개인주의적인 것 같아요.
나: 왜 그렇게 생각하세요?
가: 어제 학교에서 학교 팀 과제 발표 준비 모임이 있었는데 오지 않은 사람이 많았어요.
나: 다 같이 준비해야 하는 걸 알았을 텐데 그랬단 말이에요?
가: 네, 그리고 준비 모임에 와도 자기가 맡은 부분에만 신경을 쓰고 같이 해야 할 부분은 듣는 둥 마는 둥 하더라고요.
나: 요즘 사람들은 자기가 맡은 일 이외에는 관심이 없는 것 같아요.

4)
가: 요즘 사람들은 개인주의적인 것 같아요.
나: 왜 그렇게 생각하세요?
가: 어제 학교에서 같이 수업을 듣는 친구가 수업과 관련된 정보를 모르고 있었는데 아무도 신경쓰지 않았어요.
나: 친구가 정보를 모르는 걸 알았을 텐데 그랬단 말이에요?
가: 네, 그리고 수업에 와도 같이 수업을 듣는 사람들에게 인사를 하는 둥 마는 둥 하더라고요.
나: 요즘 사람들은 남에게 관심이 없는 것 같아요.

17과-2

2)
가: 친구들과 아파트에서 살면 불편할까요?
나: 왜요? 이사하게요?
가: 네, 집주인이 올해 안으로 집을 비워 달라고 해서 이번 기회에 친구들이 살고 있는 아파트로 이사할까 생각 중이에요.
나: 외롭지 않아서 좋지만 아무리 친해도 다른 사람들과 같이 사는 만큼 조심해야 할 것들이 많아요.
가: 그렇군요. 돌다리도 두들겨 보고 건너라고 다시 한번 꼼꼼하게 확인해 보고 결정해야겠어요.

3)
가: 여러 사람들과 셰어하우스에서 살면 불편할까요?

나: 왜요? 이사하게요?
가: 네, 집주인이 올해 안으로 집을 비워 달라고 해서 이번 기회에 셰어하우스로 이사할까 생각 중이에요.
나: 혼자일 때보다 월세가 싸고 안전해서 좋지만 여럿이 같이 생활하는 만큼 지켜야 할 규칙들이 많아요.
가: 그렇군요. 먼 친척보다 가까운 이웃이 낫다고 같이 사는 사람들이 서로 도움을 주고받을 수 있어서 좋은 점도 있겠지요.

4)
가: 기숙사 룸메이트와 학교 근처 원룸에서 살면 불편할까요?
나: 왜요? 이사하게요?
가: 네, 집주인이 올해 안으로 집을 비워 달라고 해서 이번 기회에 학교 근처 원룸으로 이사할까 생각 중이에요.
나: 학교에서 가까워서 좋지만 월세가 싼 만큼 사야할 가구나 가전제품 등이 많아요.
가: 그렇군요. 배보다 배꼽이 크다고 월세보다 침대나 냉장고 같은 물건 구입비가 더 들겠어요.

18 변화하는 사회

18과-1

2)
가: 이 기사 봤어요? 삶을 즐겨야 하는 이유를 조사했는데 세 명에 한 명꼴로 나중에 후회하고 싶지 않아서 삶을 즐기고 있대요.
나: 그래요? 그 밖에 어떤 결과가 있어요?
가: 원하는 대로 주체적으로 살고 싶어서라고 대답한 사람이 30%래요.
나: 저도 한 번 사는 인생, 즐기면서 살고 싶어요.
가: 그렇긴 한데 마음대로 살다가 나중에 후회하는 수가 있어요.

3)
가: 이 기사 봤어요? 조기 유학을 보내는 이유를 조사했는데 요즘 부모들은 두 명 중 한 명꼴로 외국어 학습에 도움이 되기 때문에 아이들을 조기유학 보낸대요.
나: 그래요? 그 밖에 어떤 결과가 있어요?
가: 17%가 다양한 경험을 쌓을 수 있기 때문에 조기유학을 보낸대요.
나: 저도 아이를 키운다면 초등학생 때 유학을 보내도 괜찮을 것 같아요.
가: 그렇긴 한데 너무 어렸을 때 유학하면 어디에도 적응을 못하는 수가 있어요.

4)
가: 이 기사 봤어요? 결혼에 대한 생각을 조사했는데 요즘 세 명 중 한 명꼴로 결혼을 꼭 할 필요가 없다고 생각한대요.
나: 그래요? 그 밖에 어떤 결과가 있어요?
가: 30%가 결혼은 해도 되고 안 해도 된다고 했대요.
나: 저도 결혼을 꼭 해야 하는 건 아닌 것 같아요.
가: 그렇긴 한데 이렇게 많은 사람들이 결혼을 하지 않으면 경제가 무너지는 수가 있어요.

18과-2

2)
가: 저기 보세요. 학교 건물 개선 공사를 하려나 봐요.
나: 그렇네요.
가: 이 곳은 시설이 좋은 특징적인 학교들이 모여 있대요.
나: 그래서 교육 도시하면 이 곳을 말하는군요.
가: 무엇보다도 도시 개발이 잘 되기 위해서는 좋은 교육 프로그램과 교육 환경을 만드는 것이 중요한 것 같아요.

3)
가: 저기 보세요. 새 공연장을 건축하려나 봐요.
나: 그렇네요.
가: 이 곳은 편의 시설뿐만 아니라 문화 공간도 많이 늘리고 있대요.
나: 그래서 문화 도시하면 이 곳을 말하는군요.
가: 무엇보다도 도시 개발이 잘 되기 위해서는 예술가들의 의견을 반영하는 것이 중요한 것 같아요.

4)
가: 저기 보세요. 쓰레기통마다 스마트 센서를 설치하려나 봐요.
나: 그렇네요.
가: 이 곳은 과학기술을 이용하여 생활환경을 개선하고 있대요.
나: 그래서 스마트 도시하면 이 곳을 말하는군요.
가: 무엇보다도 도시 개발이 잘 되기 위해서는 과학기술을 잘 활용하는 것이 중요한 것 같아요.

복습 17과-18과

요약	동양의 집단주의적 사고방식과 서양의 개인주의적 사고방식을 고대 중국과 그리스의 경제 활동의 차이로 비교하면 다음과 같다. 고대 중국은 주로 농사일을 했기 때문에 서로 돕고 서로 간의 조화를 강조하게 되었고 어른들이 농사에 필요한 지식과 경험을 가지고 있기 때문에 어른을 존경하는 문화를 가지게 되었다. 반면에 그리스 문화에서는 다양한 도시 국가들이 서로 무역을 하면서 자신의 능력과 의견을 표현하는 것이 중요했기 때문에 개인주의가 발달하게 되었다.
의견	동양과 서양의 사고방식은 분명히 차이가 있지만 어느 것이 더 낫다고 말할 수 없다. 각각의 장점이 있다. 그리고 어느 한쪽만을 강조하면 문제가 **생기는 수가 있다.** 두 사고방식이 서로 조화를 이룰 수 있는 방법을 찾아가야 한다고 생각한다.

19 나의 삶

19과-1

2)
가: 남자 친구를 계속 만나고 싶은데 남자 친구와 성격이 맞지 않는다며 고민하더니 어떻게 하기로 했어?
나: 성격이 맞지 않는 건 노력한다고 바꿀 수 있는 문제가 아닌 것 같아서 헤어지려고 해.
가: 후회하지 않겠어?
나: 응. 헤어지자고 말해야 하니까 마음이 무거울 따름이야.

3)
가: 합격한 회사의 근무 여건이 좋지 않다며 고민하더니 어떻게 하기로 했어?
나: 경험을 쌓을 수 있는 좋은 기회라고 주위에서 권유해서 다녀 보려고 해.
가: 후회하지 않겠어?
나: 응. 새로운 시작을 한다고 생각하니까 설렐 따름이야.

4)
가: 방학 동안 여행을 가려면 아르바이트를 그만두어야 한다며 고민하더니 어떻게 하기로 했어?
나: 학비를 버는 것이 더 급한 문제인 것 같아서 여행을 가지 않으려고 해.
가: 후회하지 않겠어?
나: 응. 여행을 못 간다고 생각하니까 좀 아쉬울 따름이야.

19과-2
2)
가: 민아 씨는 미래의 모습을 상상해 본 적이 있어요?
나: 네, 저는 외교관이 되는 것이 꿈이에요. 그래서 한국에 대해 좋은 인상을 주는 제 모습을 상상하곤 해요.
가: 멋지네요. 민아 씨하고 잘 어울릴 것 같아요.
나: 그런데 제가 준비를 잘 하고 있는지 모르겠어요. 과연 제가 외국인에게 한국에 대해 좋은 인상을 줄 수 있을까요?
가: 지금부터 외국어 실력을 쌓아 가면서 준비하면 좋을 것 같아요.

3)
가: 민아 씨는 미래의 모습을 상상해 본 적이 있어요?
나: 네, 저는 동물 훈련사가 되는 것이 꿈이에요. 그래서 강아지 훈련소를 운영하는 제 모습을 상상하곤 해요.
가: 멋지네요. 민아 씨하고 잘 어울릴 것 같아요.
나: 그런데 제가 준비를 잘 하고 있는지 모르겠어요. 과연 제가 강아지 훈련소를 운영할 수 있을까요?
가: 틈틈이 훈련소에서 아르바이트를 해 가면서 준비하면 좋을 것 같아요.

4)
가: 민아 씨는 미래의 모습을 상상해 본 적이 있어요?
나: 네, 저는 농부가 되는 것이 꿈이에요. 그래서 최신식 장비를 갖춘 농장을 만드는 제 모습을 상상하곤 해요.
가: 멋지네요. 민아 씨하고 잘 어울릴 것 같아요.
나: 그런데 제가 준비를 잘 하고 있는지 모르겠어요. 과연 제가 최신식 장비를 갖춘 농장을 만들 수 있을까요?
가: 관련된 자격증을 따고 필요한 기술을 배워 가면서 준비하면 좋을 것 같아요.

20 한국의 명절

20과-1
2)
가: 츠렌 씨 나라에서는 설날을 어떻게 보내요?
나: 태국에서는 나쁜 운은 나가고 행운이 들어오라고 서로 물을 뿌려요.
가: 그렇군요. 이번 설날에도 물을 뿌릴 거예요?
나: 저야 하고 싶지만 한국은 겨울이니까 힘들어요.

3)
가: 유키 씨 나라에서는 설날을 어떻게 보내요?
나: 일본에서는 복 많이 받으라고 여러 의미를 가진 음식으로 만들어진 도시락을 먹어요.
가: 그렇군요. 이번 설날에도 그 음식을 먹을 거예요?
나: 저야 먹고 싶지만 한국에서는 살 수 없으니까 먹지 못 하지요.

4)
가: 리타오씨 나라에서는 설날을 어떻게 보내요?
나: 중국에서는 한 해 동안 돈을 많이 벌라고 빨간색, 금색으로 만든 장식품을 집안 곳곳에 걸어 놓아요.
가: 그렇군요. 이번 설날에도 장식품을 집안 곳곳에 걸어놓을 거예요?
나: 저야 하고 싶지만 지금 한국에 사니까 안 하려고 해요.

20과-2
2)
가: 이제 곧 추석이 다가오네요. 제가 한국에 와서 처음 맞는 추석인데 한국 추석은 어때요?
나: 추석에는 차례 상을 차리랴 성묘하랴 쉴 틈이 없어요.
가: 그래요? 성묘는 꼭 해야 해요?
나: 네, 조상의 산소를 살펴보고 와야 해요. 그런데 성묘하러 갈 때 벌레에 물리지 않게 조심해야 해요.

3)
가: 이제 곧 추석이 다가오네요. 제가 한국에 와서 처음 맞는 추석인데 한국 추석은 어때요?
나: 추석 전날에는 부모님께 드릴 선물을 준비하랴 다른 사람에게 줄 선물도 준비하랴 정신없이 바빠요.
가: 그래요? 추석 때 선물을 준비해야 해요?
나: 네, 한국은 추석 때 선물을 주고받아요. 그런데 선물을 받는 상대방이 부담이 되지 않게 비싼 물건을 하지 않아야 해요.

4)
가: 이제 곧 추석이 다가오네요. 제가 한국에 와서 처음 맞는 추석인데 한국 추석은 어때요?
나: 추석 전날에는 장을 보랴 기차표를 예매하랴 정신이 없어요.
가: 그래요? 기차표는 미리 예매해야 해요?
나: 네, 미리 예매하지 않으면 자리가 없어요. 그런데 예매를 한 후에 예매가 취소되지 않게 결제까지 끝내야 해요.

복습 19과-20과
미래의 나에게

현우야, 잘 지내고 있지?

멋진 음악 치료사가 된 네 모습이 정말 자랑스러울 따름이야. 그렇게 되기까지 힘든 일이 많았을 텐데 꿈을 포기하지 않고 할 수 있는 것을 하면서 여기까지 왔잖아. 특히 작곡을 배운 것은 정말 잘한 선택이었던 것 같아. 음악 치료사로 일하는 사람은 많아졌지만 너처럼 직접 만든 음악으로 치료를 하는 사람은 별로 없으니까. 치료를 받으러 오는 사람들이 네가 만든 음악을 들으면서 안정감을 찾고, 때로는 같이 음악을 만들기도 하면서 행복해한다면서? 다 네가 열심히 노력한 덕분에 생긴 결과야.

참, 올해는 어디로 여행을 갈지 정했어? 자기가 뭘 좋아하는지, 어떻게 하면 스트레스가 풀리는지 모르는 사람도 많은데 너는 그것을 잘 알고 인생을 즐겁게 살고 있는 것 같아서 마음이 놓여. 올해도 좋은 곳에 가서 새로운 경험을 많이 하고 오길 바랄게. 그리고 이제는 건강도 좀 생각해 가면서 살았으면 좋겠어. 알겠지? 그럼, 잘 지내.

과거의 내가

색인

어휘 색인

ㅅ

ㅇ